KB097319

가이우스 무소니우스 루푸스(Gaius Musonius Rufus, 20?~101)
1세기 로마의 스토아 철학자. 에트루리아 볼시니 출신으로
네로 시대에 철학을 가르쳐 큰 명성을 얻었으나 부당한 권력에
저항하다가 로마에서 추방되고 유배되기를 반복했다. 모든
지식은 행동에 도움이 되어야 한다고 주장했으며, 철학 역시
말이나 글로써 가르치고 배우는 학문이 아니라 성찰과 실천으로
추구해야 하는 '삶의 행위에 대한 규칙'임을 강조했다.
신분과 성별을 가리지 않고 제자를 받았으며, 여성이 남성의
소유물로 간주되던 시대였음에도 남녀를 불문하고 모든 사람이
철학을 공부해야 한다고 가르쳤다. 동시대 사람들로부터
'로마의 소크라테스'로 칭송받았고, 노예 출신의 대표적인 스토아
철학자 에픽테토스의 스승으로도 유명하다.

서미석
서양 고전 전문 번역가이자 편집자. 서울대학교
서어서문학과에서 문학을 공부하고 졸업 후 종합상사에
입사해 무역, 외환, 홍보, 번역 등 다양한 업무를 경험했다.
정말 좋아하는 일이 무엇일까 찾고 고민하다가 접어 두었던
꿈을 기억해 내고 번역가의 길로 들어섰고, 어린 시절 무척이나
좋아했던 그리스·로마 신화와 북유럽 신화 등을 번역했다.
『아서 왕과 원탁의 기사』『칼레발라』『러시아 민화집』
『아이반호』『벤허』『로빈 후드의 모험』『호모 쿠아에렌스』
『불멸의 서 77』등을 번역했고, 20년 넘게 다양한 작품을 옮기고
섭렵하며 쌓은 헬레니즘과 헤브라이즘 지식을 더 많은 독자들과
나누고 싶어, 유래 깊은 이야기에서 탄생한 영어 표현 366개를
엮어 『하루 영어교양』을 썼다.

소박한
삶

스파하스

어느
스토아
철학자의
건강한
생활
원칙

가이우스 무소니우스 루푸스 지음

서미석 옮김

일러두기

이 책은 1세기에 활동한 로마의 철학자 가이우스 무소니우스 루푸스의 가르침을 기록한 것이다. 그의 제자 루키우스가 엮은 강연집이 이후 5세기에 마케도니아 스토비 출신의 철학자 요하네스 스토바이오스가 펴낸 선집에 수록되었는데, 그중 소제목이 붙은 긴 글들을 뽑아 재구성하고 그 외에 플루타르코스와 에픽테토스 등의 인용문에서 발췌한 짧은 글들을 함께 실었다. 옮긴이가 독자의 이해를 돕기 위해 각 장의 제목을 적절히 바꾸고 주를 덧붙였다.

철학을 공부하고 실천할 때 삶은 비로소 완성된다

로마 시대에 무소니우스라는 철학자가 있었다. 그는 네로, 갈바, 비텔리우스, 베스파시아누스, 도미티아누스 등 무력 투쟁으로 황권을 거머쥔 폭력 정권과 폭군 치세에 스토아 철학을 가르치고 실천하며 저항했다가 권력자의 눈 밖에 나서 유배로 점철된 삶을 살았다. 로마에서 추방되기를 밥 먹듯 했던 그는 65년 세네카가 기소될 당시 기아로스라는 외딴 섬으로 쫓겨났다. 사람이 거의 살지 않는 그 섬은 1970년대까지도 유배지로 쓰일 정도로 척박한 불모지였다. 그러나 무소니우스는 좌절하지 않았다. "많은 사람에게 쓸모가 있는 사람은 죽음으로써 더 큰 대의를 이루지 않는 한 죽음을 선택할 권리가 없다"라고 평소 주장했던 대로, 살아남아서 할 일이 있다고 생각했다.

그렇게 열악한 곳에서도 무소니우스는 사람들에게 도움을 주려고 애썼다. 어느 날은 우물을 파서 척박한 땅을 일구어 기아로스 주민들에게 큰 도움을 주었다. 또한 배움을 위해 그곳까지 자신을 따라 온 제자들과 함께 주경야독의 철학 공동체를 만들었다. 그는 추방이 불운이나 역경이 아니라 자신을 단련할 기회라고 생각했다. 그래서 육체노동도 마다하지 않았고, 학문으로서뿐 아니라 실천적 삶으로서 철학을 가르쳤으며, 멀리서 지중해를 건너 찾아온 철학자와 고관에게도 조언을 아끼지 않았다. 보통 사람이라면 암울한 시간을 보냈을 유배 기간에 무소니우스는 몸소 삶을 통해 다른 사람에게 귀감이 될 만한 모범을 보였다.

무소니우스는 티베리우스 황제(재위 14~37) 시절 에트루리아 볼시니의 기사 계급 가정에서 태어나 네로 시대에 로마에서 스토아 철학자로서 큰 명성을 얻었다. 그러나 다른 철학자들처럼 정계에서 활동하는 대신 스토아 철학을 연구하고 가르치는 일에만 전념했다. 부당한 권력에 저항하다 여러 번 유배되었음에도 자신의 신념을 굳건히 지켰고, 신분과 성별을 따지지 않고 많은 사람을 제자로 받아들여 훌륭한 스토아 철학자로 키워냈다. 무소니우스가 활동했던 시기는 로마 제국의 정세가 극도로 불안정했던 만큼, 그의 삶도 수많은 굴곡을 겪었다.

　네로 황제 치세 동안 여러 스토아 철학자가 폭정에 항거했는데, 많은 제자를 가르친 무소니우스 역시 당연하게도 요주의 인물이 되었다. 60년 네로 황제의 눈 밖에 난 플라우투스가 소아시아로 추방당하자 무소니우스도 그와 함께 유배 길에 올랐다. 62년 플라우투스가 역모자와 내통했다는 이유로 처형당한 뒤 로마로 돌아왔지만, 스토아 철학을 실천하고 가르친 결과 다시 의심과 미움을 샀다. 65년에는 가이우스 칼푸르니우스 피소가 주도한 황제 암살 음모에 가담했다는 혐의를 받고 기아로스 섬으로 유배되었다. 그러나 무소니우스는 좌절하기보다는 혹독한 유배지에서의 시간을 오히려 몸과 영혼을 더욱 단련할 기회로 삼아 철학에 매진하며 자신을 따라 온 제자들을 가르쳤다.

　네로 황제가 죽고 68년에 갈바 장군이 황제로 추대되자 유배에서 풀려난 무소니우스는 로마로 돌아와 다시 철학 강의에 몰두했다. 오랫동안 네로 황제의 곁을 지킨 비서 에파프로디투스의 노예였던 에픽테토스도 제자로 받아들여 가르쳤다. 이미 두 차례나 힘든 유배 생활로 고초를 겪었으니 세네카와 키케로처럼 쉴 법도 했지만, 상황이 만만치 않았다. 유배지에서 돌아온 지 몇 달 만에 황제가 세 번이나 바뀔 정도로 정세는 불안했고 한 치 앞을 알 수 없을 만큼 불안감과 두려움이 팽배했다. 무소니우스는 누가 권력을 쥐든 상관없다는 태도로 일관하며 사람들에게 올바르게 사는 법을 설파했다. 비텔리우스가 정권을 잡은 뒤 베스파시아누스 군대의 위협이 거세지자 특사가 된 무소니우스는 갈등을 미연에 방지하고자 했다. 그런데 함께 파견된 아룰레누스 루스티쿠스가 군대와 실랑이를 벌이다 크게 다칠 위험에 처하자 싸움을 막으려고 몸을 던진 무소니우스는 그의 간청을 무시한 군대로부터 오히려 야유와 조롱을 받고 짓밟혀 죽을 위기에 처한다. 거리는 곧 피로 물들었고, 비텔리우스는 분노한 폭도들의 손에 죽임을 당했다. 권좌를 계승한 베스파시아누스가 비텔리우스를 편들었던 무소니우스를 좋게 볼 리 없었다. 하지만 무소니우스는 당당하게 행동했고, 옳은 일에 대한 신념을 굽히지 않았다.

70년 무렵 무소니우스는 과거의 일이기는 하나, 네로에게 스토아 철학자들에 대한 정보를 넘기고 원로원 의원 바레아 소라누스의 처형을 도왔던 혐의로 푸블리우스 에그나티우스 셀러를 기소했다. 공정성에 대한 기준과 인식이 무너진 시대였지만 정의를 세우고자 용기를 냈고, 결국 셀러에 대한 유죄 판결을 이끌어 냈다.

1년이 지나자 베스파시아누스 황제는 스토아학파를 근절하려고 모든 철학자들을 로마에서 몰아냈다. 처음에는 무소니우스의 명망 때문인지 그를 함부로 하지 못했으나, 얼마 지나지 않아 결국 그마저 쫓아냈다. 베스파시아누스에 뒤이어 황제가 된 아들 티투스가 무소니우스를 로마로 불러들였지만 결국 재위 3년도 못 채우고 단명했다. 무소니우스가 "왕도 철인이 되어야 한다"라고 평소에 그리도 역설했건만 티투스의 뒤를 이은 도미티아누스 황제 또한 철학과는 거리가 멀었다. 무소니우스는 외부의 역경에 굴하지 않고 철학을 가르치고 설파하는 본연의 책무에 집중했다.

폭군은 스토아학파를 두고 볼 수 없었다. 결국 본색을 드러낸 도미티아누스 황제는 93년, 과거에 트라세아를 도왔다는 혐의를 씌워 아룰레누스 루스티쿠스에게 사형을 선고했다. 얼마 뒤에는 25년 전 네로의 자결을 도왔다는 이유로 에픽테토스의 주인이었던 에파프로디투스를 죽이고, 에픽테토스를 비롯한 모든 철학자를 추방했다. 무소니우스가 수많은 폭군 치하에서 살았던 점을 생각하면, 수명이 다해 자연사할 수 있었다는 사실이 놀랍기만 하다. 소 플리니우스의 기록에 언급된 내용을 보면 무소니우스는 대략 80대인 101년쯤 사망한 것으로 추정된다.

당대에도 물론 뛰어난 스토아 철학자로 꼽히는 사람이 많았지만, 무소니우스는 지혜·용기·절제·정의라는 고결한 가치를 추구하며 실제 삶에서 실천하였기에 동시대 사람들로부터 '로마의 소크라테스'로 불렸다. 또한 높은 명성을 얻었음에도 늘 겸손하고 소박하게 살았다. 로마 사회에서 막강한 권한을 지닌 원로원 의원이 된 세네카나 키케로와 달리 부와 인맥을 보고 결혼하거나 명예나 권력을 추구하지도 않았다. 숨을 거두는 날까지 로마에서든 유배지에서든 언제나 자신이 옳다고 믿는 신념에 따라 살았다. 그의 명성은 시대를 초월하여 유스티누스, 알렉산드리아의 클레멘스, 마르쿠스 아우렐리우스 등 후대의 많은 철학자와 위인들로부터 존경을 받았다.

무소니우스가 직접 발표한 작품이 있었는지는 확실치 않다. 다만 그의 제자 루키우스Lucius와 폴리오Pollio가 스승의 철학적 가르침을 엮어 모음집을 펴낸 것으로 알려져 있다. 루키우스가 엮은 강연집은 5세기에 활동한 철학자 요하네스 스토바이오스Joannes Stobaeus가 초기 그리스 작가들의 발췌문을 모아 주제별로 정리한 『선집』Anthologium에 수록되었다. 폴리오Pollio가 엮어 낸 또 한 권의 모음집은 소실되었고, 일부 단편들이 플루타르코스와 에픽테토스를 비롯한 후기 작가들의 인용문으로 남아 전해진다.

　　무소니우스 철학의 특징은 행동 윤리에 철저히 초점을 맞추고 실천을 강조했다는 점이다. 무소니우스가 사람들에게 심어 주려고 했던 철학은 단순한 말이나 가르침, 토론의 기술이 아니었다. 학자들만의 심오한 철학적 이론도 아니었다. 모든 사람이 스스로 성찰하여 한 인간으로 완성될 수 있도록 실천을 추구하는 철학이었다. 그는 남녀를 불문하고 모든 사람이 성숙한 인간으로 성장하는 유일한 방편으로 철학을 배워야 한다고 설파했다. 무소니우스는 인간이 덕을 따르려는 본성을 타고났다고 보았고, 도덕적인 삶을 지향하는 데 유일한 장애물은 어린 시절부터 마음에 가득 들어차는 편견과 행위로 굳어진 악습이라고 보았다. 그래서 철학을 치유의 정신 예술로 간주하고, 이론보다는 실천을 더 선호하면서 미덕을 행할 것을 크게 강조했다. 모든 지식은 행동에 도움이 되어야 한다고 보았던 무소니우스는 식생활과 복장과 두발, 심지어 세간살이에 이르기까지 전적으로 소박한 삶의 실천에 대해 세심하게 언급한다. 그의 말에 따르면 "철학 공부란 옳고 타당한 것을 이성으로 알아내어, 그것을 행위로 실천하는 것에 다름없기" 때문이다.

그에게는 시대를 뛰어넘어 정의의 본질을 꿰뚫어 보는 혜안이 있었다. 특히 여자는 완전한 인간이 아니라 재산에 지나지 않는다는 생각이 팽배했던 당시로서는 파격적이게도 성평등을 주장한 점이 그렇다. 남자뿐 아니라 여자도 덕을 지향하는 마음과 본성을 지니고 있으므로 여성도 남성만큼 고귀하고 정의로운 행위에 기뻐하며 악한 행동을 거부한다고 보았다. 남성은 철학을 실천하면서 잘 살기 위한 해답을 추구해도 되는데 여성은 왜 안 된다는 건지 반문하며, 여자도 남자처럼 교육을 받아야 한다고 주장했다.

또한 정략결혼이 판치던 시대에 결혼에 대해서도 현대적인 견해를 갖고 있었다. 건강할 때나 아플 때나 어떤 일이 닥쳐도 부부는 완전한 동반자 관계를 이루며, 서로 사랑해야 한다고 주장했다. 그에게 이상적인 결혼은 서로 헌신하며 더 좋은 관계를 유지하려고 노력하는 것이었다. 당시의 철학적·사회문화적 맥락에서는 남자들 사이의 우정이 가장 가치 있는 관계로 여겨졌다는 점을 고려할 때, 무소니우스가 부부 관계의 호혜적 공유와 정서적 차원을 그토록 강조한 것은 매우 놀랍다. 그는 배우자 간의 유대감이 다른 모든 관계, 심지어 친구 간의 유대감마저 능가한다고 주장한다. 부부는 육체와 영혼과 모든 재산을 공동 소유하며, 모든 신들조차 부부의 행복한 결혼생활을 지원한다고 보았다. 따라서 부부 관계는 후손을 보려는 욕망을 초월하여 깊은 헌신과 상호 간의 사랑이 있어야 한다고 보았다.

나아가 무소니우스는 왕도 철학을 공부해야 한다고 역설했다. 왕의 으뜸가는 의무는 백성을 보호하고 이롭게 하는 것인데, 그러려면 사람에게 어떤 것이 좋고 나쁜지, 어떤 것이 유익하고 해로운지, 어떤 것이 이롭고 불리한지 알아야 한다. 이때 무엇이 좋고 나쁜지, 유리한지 불리한지, 이로운지 해로운지 구별하는 것은 바로 철학의 영역이므로 왕도 철학을 공부해야 한다. 왕이 마땅히 해야 할 책무 가운데 중요한 일이 사람들 사이에서 정의를 중재하는 것인데 왕 자신이 정의롭지 않다면 어찌 그런 일을 할 수 있겠느냐고 물었다. 그리고 정의의 본질을 이해하지 못하는 사람이 어찌 정의로울 수 있겠느냐며 철학을 공부하지 않는다면 정의와 공정을 알 수 없을 거라고 했다. 자신이 통치하는 백성보다도 정의에 대해 모른다면 더욱 수치스러운 일이므로 왕은 다른 누구보다도 정의에 대해 제대로 알 수 있도록 신경 써야 한다고 말이다.

무소니우스는 또한 통치자와 시민이 파멸하는 원인은 모두 방탕이라고 하며, 자신의 욕망을 절제하지 못하는 사람이 다른 사람을 절제하게 만들 수는 없고 절제력을 키우는 데에는 철학만 한 학문이 없다고 보았다.

2천 년 전에 살았던 무소니우스의 철학을 들여다보면 예나 지금이나 사람이 사는 모습은 크게 변하지 않았다는 생각이 든다. 물론 사회적 환경은 비교도 할 수 없을 만큼 바뀌었지만 인간이 추구해야 할 기본 덕목이나 삶의 태도는 오늘날에도 매우 본받을 지점이 많다. 성평등을 지향했고, 왕도 철학을 공부해야 한다며 지도자로서 갖추어야 할 덕목을 논의했으며, 철학적 수사나 궤변보다는 실천 윤리에 집중한 점이 그렇다. 오늘날 물질적 풍요와 개인주의적 성향이 팽배한 가운데에도 오히려 정신적 공허감에 시달리며 어떻게 살아야 할지 막막하다면 절제의 미덕과 검소한 생활, 사익보다는 공익과 공동체 의식을 역설한 무소니우스의 가르침에서 교훈을 얻을 부분이 적지 않을 것이다.

이론은 무엇이 옳은 행위인지 가르치는 일이고 실천은
그러한 이론에 따라 행동하는 데 익숙해진 사람들의 습
성을 의미한다. 덕을 익히는 데 이론과 실천 가운데 어
느 것이 더 효과적인지를 두고 의문이 일었다. 실천이
더 효과적이라고 생각한 무소니우스는 그 근거로 한 학
생에게 다음과 같이 물었다.

　"두 의사가 있다. 한 사람은 의술에 대해 아주 유창
하게 논할 수는 있지만 환자를 돌본 경험이 전혀 없고,
다른 사람은 언변은 변변찮지만 올바른 의학 이론에 따
라 환자들을 치료한 경험이 있다. 혹시라도 아프게 되면
그대는 누구를 찾아가겠는가?"

　질문을 받은 학생은 치료 경험이 있는 의사를 선
택하겠다고 답변했다. 그러자 연이어 무소니우스가 물
었다.

　"또 다른 예를 들어 보자. 한 사람은 항해 경험이 많
아 여러 배에서 조타수로 근무했고, 다른 사람은 항해
경험이 거의 없는 데다 조타수로 일한 적이 없다. 배를

몰아 본 경험이 전혀 없는 그 사람이 항법에 대해 훨씬 능숙하게 말하고, 경험이 많은 이는 언변이 빈약하고 부족한데, 그대가 항해에 나서게 된다면 어떤 이를 조타수로 쓰겠는가?"

학생은 경험이 많은 조타수를 데려갈 것이라고 대답했다. 무소니우스는 다시 말했다.

"두 음악가의 경우를 살펴보자. 한 사람은 음악 이론을 잘 알고 그에 대해 아주 설득력 있게 말하지만, 노래를 부르거나 하프나 수금을 연주할 수는 없다. 다른 사람은 이론에는 뒤지지만 하프와 수금을 능숙하게 연주하고 노래 실력도 뛰어나다. 두 사람 가운데 누구에게 음악가라는 지위를 주겠나? 또는 음악을 모르는 아이를 위해 누구를 선생으로 선택하겠는가?"

기량이 뛰어난 사람을 선택하겠다는 학생의 대답에 무소니우스가 다시 물었다.

"그렇다면, 사실이 그러할진대 절제와 자제의 문제에서도 마땅히 해야 할 것을 말할 수 있는 것보다는 모든 행위가 절제되고 자제된 것이 훨씬 낫지 않겠는가?"

그제야 청년은 절제에 대해 잘 말하는 것보다 실천하는 것이 훨씬 더 의미 있고 중요하다는 사실에 동의

했다.

무소니우스는 이제까지 한 말을 종합하여 설명했다.

"자, 이러한 결론에 비추어, 실천은 행동하게 하지만 이론은 말할 수 있게 할 뿐이라는 점을 안다면 어떤 것에 관한 이론을 아는 것이 그 이론의 원칙에 따라 행동하는 데 익숙해지는 것보다 더 낫다고 할 수 있겠는가? 어떻게 행동해야 하는지 알려 주는 이론은 실천과 연관되어 있으며, 실제적 수행이 이론과 일치되지 않는다면 무엇이든 제대로 해낼 수 없으므로 이론이 우선한다. 그러나 실천은 인간을 행동하게 만든다는 점에서 더 영향을 미치므로 이론보다 훨씬 효과적이다."

배움에 관하여

무소니우스는 주변의 친분 있는 사람들에게 다음과 같이 주장하며 자신의 가르침을 실제로 적용해 보라고 권고했다.

덕은 이론적인 지식일 뿐 아니라 의술이나 음악적 기예와 마찬가지로 실제적 수행이다. 그러므로 의사와 음악가가 해당 기술의 이론적 부분을 터득해야 할 뿐 아니라 그 원리에 맞게 실행할 수 있도록 스스로 훈련하듯이, 훌륭한 인간이 되고 싶은 사람은 덕에 이르는 가르침을 속속들이 익혀야 할 뿐 아니라 이러한 원리를 열과 성을 다해 실행에 옮겨야 한다.

만일 쾌락에 굴복해서는 안 된다는 사실을 알고만 있을 뿐 쾌락에 저항하는 훈련을 전혀 하지 않는다면 어찌 절제할 수 있겠는가? 공정을 사랑해야 한다고 배웠으면서도 이기심과 탐욕을 자제하도록 스스로 훈련하지 않는다면 어찌 정의로워질 수 있겠는가? 사람들이 흔히 무서워하는 것들을 두려워해서는 안 된다고 배우기만 할 뿐 그러한 것들에 직면해 용기를 발휘한 경험이 없다면 어찌 용기를 체득할 수 있겠는가? 진정 좋은 것이 무엇이고 나쁜 것이 무엇인지 인식하게 되었으면서도 겉으로만 좋게 보이는 것을 경계하는 훈련을 하지 않는다면 어찌 신중해질 수 있겠는가?

배운 가르침으로부터 이익을 얻고자 한다면, 그것이 무엇이건 탁월한 가르침을 배울 때 실질적인 훈련이 반드시 뒤따라야 한다. 특히 철학은 다른 어떤 학문보다도 훨씬 강도 높고 어려운 훈련을 요구한다. 의학이나 유사한 기술을 공부하는 학생보다 철학을 공부하는 학생은 이러한 실질적 훈련을 받아야 할 필요성이 더 크다. 그 이유는 다른 직업에 입문하는 사람은 사전에 영혼이 타락할 일이 없고, 배우게 될 내용과 반대의 것을 배운 적이 없지만, 철학 공부를 시작하는 사람은 이미 부패와 악이 만연한 환경에서 나고 자랐기에 더 길고 철저한 훈련이 필요한 상태에서 덕을 추구해야 하기 때문이다.

그렇다면 그들은 어떻게, 어떤 방식으로 그런 훈련을 받아야 하는가? 인간은 영혼만 있거나 육체만 있는 존재가 아니라 둘의 종합체이다. 그러므로 훈련에 임하는 사람이 인간을 구성하는 모든 부분에서 부족함이 없으려면 마땅히 더 나은 부분인 영혼뿐 아니라 육체까지 모두 돌봐야 한다. 미덕은 인생을 살아가는 데 필요한 수단으로 신체 활동을 흔히 이용하므로, 철학자의 몸은 반드시 신체 활동을 제대로 할 수 있게 대비해야 한다.

훈련에는 두 가지 종류가 있다. 하나는 영혼에만 적합한 훈련이고 다른 하나는 영혼과 육체에 공통으로 적합한 훈련이다. 추위, 더위, 갈증, 허기, 부족한 양식, 딱딱한 잠자리를 견디며 쾌락을 자제하고 고통을 인내하기 위해 스스로 단련할 때에는 영혼과 육체 모두에 공통된 훈련을 활용한다. 이러한 훈련을 통해 육체는 강인해지고 고난을 견딜 수 있으며, 강건해져 어떤 일이든 할 준비가 된다. 고난을 참고 견딤으로써 용기를 단련하고, 쾌락을 자제함으로써 절제를 훈련하므로 영혼 또한 강해진다. 영혼에만 특화된 훈련이란 무엇보다도 겉으로 좋게 보이는 것들이 정말 좋은 것은 아니며 또한 나쁘게 보이는 것들이 정말로 나쁜 것은 아니라는 사실과 관련된 논증들을 어디서나 찾아볼 수 있음을 깨닫고, 참된 선을 인식하는 법을 배우고 참된 선이 아닌 것들을 능숙하게 식별할 수 있게 하는 일이다. 그다음에는 겉보기에만 나쁜 것을 회피하지 않고 보기에만 좋은 것을 추구하지 않도록, 그리하여 정말로 나쁜 것은 멀리하고 정말로 좋은 것은 어떻게든 추구하도록 훈련해야 한다.

요약하자면, 지금까지는 각 훈련의 특성이 무엇인지 설명하려고 했다. 이제 영혼과 육체에 공통으로 적합한 훈련이 무엇이고 영혼에만 적합한 훈련이 무엇인지 분석하고 구분하기보다는 정해진 순서 없이 각 훈련에 적합한 것이 무엇인지 제시함으로써 그러한 훈련을 어떻게 구체적으로 수행해야 하는지 논의해 볼 것이다. 철학 논의에 참여해 본 우리는 고통이나 죽음이나 가난 또는 악과 거리가 먼 것은 모두 나쁘지 않으며, 마찬가지로 부나 생명이나 쾌락 또는 덕과 상관없는 것은 모두 좋지 않다는 사실을 익히 들어 안다. 그런데 이 사실을 알면서도 어린 시절부터 뿌리박힌 타락과 이 타락에 의해 생긴 악습 때문에 고난이 닥치면 나쁜 일이 엄습했다고 생각하고, 쾌락이 찾아오면 좋은 일이 일어났다고 생각한다. 죽음을 최악의 불행으로 두려워하고 목숨을 최고의 축복으로 여기며, 돈을 내놓을 때에는 상처라도 입은 듯 슬퍼하지만 받을 때에는 은혜라도 입은 듯 기뻐한다.

대다수의 다른 것과 마찬가지로, 우리는 올바른 원

칙에 따라 상황에 대처하는 것이 아니라 오히려 한심한 습관을 따른다. 그러므로 다시 말하지만, 모든 사정이 이러하므로 훈련하는 사람은 쾌락을 멀리 하고, 고난을 회피하지 않으며, 목숨에 집착하지 말고 죽음을 두려워하지 않으며, 재물이나 돈의 경우 주는 것보다 받는 것을 우선하지 않는 습관이 배도록 노력해야 한다.

정신의 긴장을 늦추면 곧
정신을 잃어버리게 된다.

○　　　　인생의 고난을 대수롭지 않게 여겨야 한다

덕과 선을 쌓고자 겪게 되는 고난을 보다 쉽게, 자발적으로 견디려면 사람들이 가치 없는 목적을 위해 어떤 고난을 견디는지를 떠올려 보는 것이 퍽 유용하다. 무절제한 연인들이 부도덕한 욕망을 채우려고 어떤 고난을 겪는지, 사람들이 이익을 얻고자 얼마나 애를 쓰는지, 명성을 좇는 사람들이 얼마나 고생을 하는지 주의를 기울여 보라. 그 모든 이들이 온갖 고생과 고난을 자발적으로 감수한다는 사실을 명심해야 한다.

　우리가 이상적인 선을 위해, 즉 삶을 망가뜨릴 악을 멀리할 뿐 아니라 모든 선의 원천이라고 할 만한 덕을 습득하고자 모든 고난을 견딜 준비가 되어 있는 반면 그들은 명예롭지 못한 보상을 받으려고 그런 고난을 견딘다. 그건 부끄러운 짓 아닌가? 다른 사람의 아내를 차지하려 애쓰는 대신 자신의 욕망을 다스리려고 애쓰는 것, 돈을 벌려고 고난을 감수하는 대신 욕망을 없애려 스스로를 단련하는 것, 평판을 얻으려 애쓰는 대신 어떻게 하면 평판을 좇지 않을지 애쓰는 것, 부러운 이를 해칠 방법을 모색하는 대신 아무도 부러워하지 않을 방법을 찾는 것, 아첨꾼처럼 거짓 친구를 사귀려 비굴해지는 대신 진정한 친구를 얻으려 고생하는 것이 훨씬 더 훌륭하다는 것을 부인할 사람이 있겠는가? 고귀한 목적을 추구하든 저열한 목적을 추구하든 고생과 고난은 모두가 피할 수 없다. 그러니 더 고귀한 목적을 추구하는 사람이, 온갖 고통에도 불구하고 기대할 수 있는 보상이 적은 사람보다 노력을 덜한다는 주장은 터무니없다.

곡예사들은 한 발짝만 잘못 내딛어도 죽을 수 있는 상황에서 비참할 정도로 적은 보상을 위해 거꾸로 뒤집힌 칼날 위 재주넘기를 하거나 높은 곳에 설치된 밧줄 위를 걷거나 새처럼 허공을 나는 등 어려운 과업을 회피하지 않고 목숨을 걸고 해낸다. 우리 역시 완전한 행복을 위해서라면 기꺼이 고난을 견뎌야 하지 않겠는가? 행복해지고, 여생을 행복하게 살려면 선하게 되는 것 외에 다른 목표가 있을 수 없으니 말이다.

우리 인간이 무색해질 정도로 고난을 잘 견디는 특정 동물들의 특성이 어렵지 않게 떠오를 것이다. 수탉과 메추라기는 인간과 달리 미덕에 대한 이해가 없고, 선이나 정의를 알지 못하며, 이러한 것들을 위해 애쓰지도 않는다. 그럼에도 불구하고 서로 싸우며, 심지어 심한 부상에도 일어나 상대에게 굴복하지 않으려고 죽음을 불사하며 싸운다. 그렇다면 무언가 훌륭한 목적을 위해, 말하자면 친구를 돕거나 우리의 도시를 이롭게 하거나 배우자와 자녀를 지키거나 또는 최선이자 최고의 의무인 선과 정의와 절제를 이루기 위해 고난을 겪고 있음을 알 때 굳건히 버티며 견디는 것이 훨씬 더 이치에 맞지 않겠는가. 이런 것은 결코 고난 없이는 이를 수 없는 경지이니 말이다.

끝으로 말하자면 노력해서 선해질 수 있으므로 노력하기를 주저하는 사람은 늘 자신이 선하지 못하다고 생각하기 마련이다. 무소니우스는 이렇게, 청중에게 고난을 가볍게 여기라고 훈계하고 권고했다.

철학을 모르는 왕이 어찌 제대로 된
정치를 하겠는가

시리아의 왕들 중 한 사람이 찾아오자(당시 시리아의 왕들은 로마의 가신이었다) 무소니우스는 여러 조언을 해 주었는데, 특히 다음을 강조했다.

"당신이 왕이라는 바로 그 이유 때문에 어느 누구보다도 마땅히 철학을 공부해야 합니다."

왕의 으뜸가는 책무는 백성을 보호하고 이롭게 하는 것인데, 그러려면 사람에게 어느 것이 좋고 나쁜지, 어느 것이 유익하고 해로운지, 어느 것이 이롭고 불리한지 알아야 한다. 악을 도모하는 사람은 손해를 보고, 선을 고수하는 사람은 보호받고, 도움과 편의를 받아 마땅하다고 생각되는 사람은 혜택을 누리지만 불이익과 해로운 일에 관여하는 자는 마땅히 처벌받게 하기 위함이다.

무엇이 좋은지 나쁜지, 유리한지 불리한지, 이로운지 해로운지 구별하는 것은 바로 철학자의 몫이다. 이런 문제에 늘 전념하며 인간을 행복이나 불행으로 이끄는 것이 무엇인지 알아내는 법을 터득한 사람이 바로 철학자이기 때문이다. 그러므로 왕은 철학을 공부해야 할 것이다. 나아가 어느 누구도 합당한 것 이상이나 이하로 공적을 누리지 않고 응분의 영예와 처벌을 받도록 신하들 사이에서 정의를 중재하는 것이 마땅하고도 필수적이다. 왕 자신이 정의롭지 않다면 어찌 이런 일을 해 나갈 수 있겠는가?

정의의 본질을 이해하지 못하는 사람이 어찌 정의로울 수 있겠는가? 왕이 철학을 공부해야 하는 이유가 바로 여기에 있다. 철학을 공부하지 않는다면 왕이 정의와 공정을 알게 될 거라 장담할 수 없다. 정의에 대해 배운 자가 배우지 않은 자보다 정의를 더 잘 알 것이며, 철학을 공부하지 않은 자는 정의의 본질에 대해 무지하다는 것을 부인할 수 없다. 사람들이 정의를 두고 서로 의견이 달라 누군가는 이것이, 누군가는 저것이 정의라고 주장하며 논쟁을 벌인다는 사실을 보면 이 말이 옳다는 것이 드러난다. 그러나 사람들이 확실히 아는 것들, 예를 들면 흑과 백, 더위와 추위, 단단함과 부드러움에 대해서는 의견차를 보이지 않고 모든 사람이 똑같이 생각하고 동일한 말을 쓴다. 이와 마찬가지로 정의가 무엇인지 모두 정확히 안다면 정의에 대한 생각이 같을 것이다. 하지만 정의에 대한 의견이 제각기 다르다는 점에서 사람들은 정의에 대한 무지를 드러낸다. 사실 왕이라고 해서 정의를 제대로 알 거라고 생각되지는 않는다. 다만 왕이 일반 시민보다도 정의에 대해 모른다면 그건 더욱 수치스러운 일이므로 왕은 다른 누구보다도 정의에 대해 제대로 알도록 신경 써야 한다.

그다음으로 왕은 냉철한 통치로, 신하는 품위 있는 복종으로 양쪽 모두 방종하는 일이 없도록, 반드시 왕은 스스로 절제하며 신하들에도 절제를 요구해야 한다. 통치자와 시민이 파멸하는 원인은 모두 방탕 때문이다. 자신의 욕망을 억제하려고 노력하지 않는다면 어떻게 절제할 수 있겠으며, 절제하지 못하는 사람이 어찌 다른 사람을 절제하게 만들 수 있겠는가? 절제력을 키우는 데에는 철학만 한 학문이 없다. 확실히 철학은 쾌락과 탐욕에 초연하고, 근검을 중시하며 사치를 피하라고 가르친다. 또한 염치를 알며 말을 삼가도록 훈련시킨다. 그리고 규율·질서·예절 및 일반적으로 적절한 행동과 태도를 길러 낸다. 평범한 사람이 이러한 자질을 갖추고 있을 때에는 품격과 절제력이 생기며, 왕이 이러한 자질을 갖추고 있으면 신처럼 탁월해지며 경외를 받게 된다.

용감함·용맹·대담함은 용기의 산물이다. 이러한 자질을 죽음과 고난이 나쁜 것은 아니라는 굳건한 신념 없이 어찌 체득할 수 있겠는가? 죽음과 고난이 바로 용감함·용맹·대담함이다. 거듭 말하지만 이런 것들이 나쁘다고 믿는다면 인간은 평정심을 잃고 겁에 질리게 된다. 오로지 철학만이 이런 것들이 나쁘지 않다고 가르쳐 준다. 따라서 왕이 용기를 가져야 한다면, 그것도 다른 누구보다 더 용기를 가져야 한다면, 다른 방법으로는 용기를 가질 수 없으므로 철학 공부에 매진해야 한다.

또한 적을 무력으로 무찌르는 것과 마찬가지로 사리에 밝아 주장으로 논쟁 상대를 이길 수 있는 것도 왕들의 특권이다. 사리 분별이 약한 왕은 흔히 호도되거나 진실을 거짓으로 받아들일 수밖에 없다. 이는 어리석고 몽매한 탓에 치르는 대가이다. 철학은 본디 그 특성상 철학에 매진하는 사람이 다른 그 무엇보다도 논쟁에서 다른 사람을 능가하고 진리와 거짓을 식별하여 거짓을 반박하고 진리를 입증할 수 있는 능력을 갖게 만든다. 직업 연설가는 철학자와 논쟁할 때마다 당황하고 혼란스러워, 앞뒤가 안 맞는 말을 할 수밖에 없다. 토론하는 것이 본업인 연설가마저 논쟁에서 철학자에게 뒤질

진대 다른 사람이라면 어떤 일이 벌어지겠는가? 논쟁에 강해지고 싶은 야망을 품은 왕이라면 논쟁에서 다른 사람에게 압도당할까 봐 두려워하지 않기 위해서라도 철학을 공부해야 한다. 왕이라면 겁 없고 용감하며 무적이어야 하기 때문이다.

일반적으로 훌륭한 왕이 되려면 흠잡을 데 없이 완벽한 언행을 보이는 것이 매우 중요하다. 왕 스스로가 그야말로 '살아 있는 법'이 되고자 한다면, 고대인들이 생각했던 것처럼 선정을 베풀고 화합을 이루며, 불법과 불화를 억누르고, 제우스 신을 본받고, 그처럼 백성의 아버지가 되어야 한다. 뛰어난 본성을 타고나고, 가능한 최고의 교육을 받고, 인간에게 합당한 모든 미덕을 갖추지 않는다면 어찌 그런 자가 왕이 될 수 있겠는가? 그렇다면 인간의 본성을 미덕으로 이끌고 선을 실천하고 가까이 하도록 가르치는 다른 지식이 있다면, 철학과 나란히 놓고 어느 것이 더 좋은 왕을 배출할 수 있는지 비교해 보아야 한다. 훌륭한 왕이 되고 싶은 사람은 그 둘 가운데서 더 나은 수단을 쓰는 것이 현명할 것이다. 그러나 다른 기예는 덕의 가르침을 설파하고 전파하라고 가르치지 않는다. 오로지 인간의 신체에만 관련되어 있어 신체에 유용한 기예가 있는 반면, 마음이 절제력만 갖추도록 힘쓰는 기예도 있다. 그러나 철학만은 절제를 목표로 하여 인간이 악을 멀리하고 미덕을 몸으로 익히는 방법에 전념하게 만든다. 사실이 이러하다면, 훌륭하게 되길 바라는 왕에게 철학 공부보다 더 유용한 것이 있겠는가? 훌륭한 통치자가 되거나 훌륭한 삶을 살게 만들 수 있는 더 좋은 다른 방법이 있겠는가? 훌륭한 왕은 곧 철학자요 반드시 철학자일 수밖에 없고, 철학자는 왕이 되기에 합당한 사람이라고 생각한다.

이 두 가지 명제 중 전자를 살펴보자. 훌륭한 사람이 아닌데 훌륭한 왕이 되는 것이 가능한가? 아니, 그럴 수 없다. 그러나 훌륭한 사람이라면 철학자라고 불릴 자격이 있지 않겠는가? 철학은 이상적인 선을 추구하기 때문에 확실히 그렇다. 그러므로 훌륭한 왕은 곧 철학자요 반드시 철학자일 수밖에 없는 것이다. 마찬가지로 이 사실로부터 철학자가 왕이 되기에 합당한 사람이라는 것을 알 수 있을 것이다. 왕이 되기에 합당한 사람의 특성은 분명히 백성과 국가를 잘 다스리는 능력과 백성을 통치할 수 있는 자질이다. 그렇다면 국가의 지도자가 될 능력과 백성을 다스릴 자질을 철학자보다 더 갖춘 이가 있을까? 진정한 철학자라면 총명하고, 절제하며, 고결하고, 무엇이 정의롭고 자신의 계획을 실행하는 데 효과적인지 잘 판단하고, 고난을 감수할 수 있다. 여기에 더하여 끔찍해 보이는 상황에서도 용기를 잃지 않고, 두려움이 없으며, 단호해야 하며, 게다가 자애롭고 남에게 도움이 되며, 인간적이어야 한다. 그보다 더 잘 통치하거나 더 적합한 사람을 찾을 수 있을까? 결코 없을 것이다.

다스리는 사람의 수가 적다는 이유로 왕이 되기에 별로 합당치 않다고 할 수는 없다. 친구나 아내나 아이들, 또는 말이 나왔으니 말인데 그저 스스로를 다스리는 것만으로도 충분하기 때문이다. 치료 기술과 경험만 확실히 있다면 소수의 환자를 돌보는 의사도 많은 환자를 돌보는 의사에 뒤지지 않는다. 마찬가지로 음악의 기술을 알고 있다면 소수의 학생만 가르치는 음악가 역시 많은 학생을 가르치는 음악가에 못지않다. 또한 기마술이 능숙하다면 말 한두 필만을 훈련시키는 마부 역시 많은 말을 훈련시키는 마부에 뒤지지 않는다. 그러니 통치할 수 있는 기량과 능력만 갖추고 있다면 한두 명만 다스리는 사람도 많은 이들을 다스리는 사람 못지않게 왕의 자질이 있으므로 왕이라 불리기에 걸맞다. 이러한 이유로 소크라테스 역시 철학을 "정치가와 왕이 되는 훈련"이라고 한 듯하다. 철학에 통달하는 사람은 곧 정치가가 되기 때문이다.

무소니우스의 이러한 말을 듣고 기뻐한 왕은 이제껏 해 준 말에 고마워하며 그 답례로 청하는 것은 무엇이든 거부하지 않고 들어주겠노라고 덧붙였다. 그러자 무소니우스가 대답했다. "이 가르침이 훌륭하다는 것을 알았으니 그저 충실하게 따르기를 바랄 뿐입니다. 이렇게 하는 것만이 저를 기쁘게 하고 당신에게도 도움이 될 것입니다."

유배를 두려워하지 말라

유배를 가게 된 친구가 신세를 한탄하자 무소니우스는 다음과 같이 위로했다.

사리 분별력이 있는 사람이라면 유배로 상심할 이유가 무엇이란 말인가? 물, 땅, 공기, 태양과 다른 행성 또는 인간 사회를 박탈당한 것이 아니지 않은가? 어디서든 그리고 어떤 방법으로든 이러한 것들과 관계를 맺을 수 있다. 어느 특정한 땅과 특정인으로부터 격리된다고 해서 두려워할 것이 무엇인가? 어째서인가? 우리가 고국에 있을 때에도 온 땅을 향유하는 것이 아니요, 모든 사람과 교제하는 것이 아닌데 말이다.

설령 유배 중이라 해도 친구를 사귈 수 있다. 말하자면 결코 배반하거나 저버리지 않을 것이기에 진정한 친구라 말할 수 있고 그렇게 불리기에 부족함이 없는 친구를 말이다. 혹시라도 진정한 친구가 아니거나 가짜 친구로 드러나는 사람이 생기더라도 그런 이들과는 함께하기보다 멀리할 수 있게 되었으니 더 잘된 셈이다.

말해 보라, 소크라테스가 생각했듯이 온 세상은 모

든 인간들의 공통 조국 아니던가? 그러니 분별력이 있는 사람이라면 자신이 나고 자란 곳에서 다른 곳으로 가게 되었다고 해서 정말로 조국에서 추방되는 것이라고 생각해서는 안 된다. 현명한 사람은 행복이나 불행의 원인으로 어느 장소를 소중하게 여기거나 싫어하기보다는 만사가 마음먹기에 달려 있으며 자신이 인간들과 신들로 이루어진 천상 도시의 시민이라고 생각하기 때문이다. 에우리피데스가 한 다음의 말을 보면 그도 같은 생각이었음을 알 수 있다.

독수리가 온 하늘을 날아갈 수 있듯이
고귀한 사람에게는 온 땅이 조국이라네.

조국 안에 있으면서 태어난 집이 아닌 다른 곳에 살고 있다고 해서 슬퍼하며 탄식한다면 어리석고 조롱거리로 생각되듯이, 태어난 도시가 아니라 다른 도시에 산다고 하여 불행하다고 생각하는 사람은 마땅히 바보 같고 어리석다고 생각될 것이다. 게다가 누구나 유배 덕분에 필요한 것을 익히고 실천하는 데 방해받지 않는다면, 자신의 것을 기르고 덕을 쌓는 데 어찌 유배가 장애가 될 수 있겠는가? 어쩌면 그런 의도로 유배를 보내려 한다는 것조차 사실이 아닐 수 있다. 오히려 유배 때문에 전보다도 더 여유가 생긴 덕분에 좋은 것을 배우고 실천할 기회가 늘어났기 때문이다. 그저 겉치레만 조국인 존재에 의해 정치적 의무를 다하도록 강요받을 일도 없고, 속박할 뿐 아니라 더 좋은 것들을 추구하지 못하게 끌어내는 데 능란한 겉모습만 친구인 사람들과 친척들이 성가시게 굴 일도 없으니 말이다.

사실 유배 생활이 완전한 행복이었음을 보여 주는 사례들이 있는데, 디오게네스*의 경우만 봐도 그러하다. 그는 유배 덕분에 평범한 시민에서 철학자로 변모했고, 시노페에서 빈둥거리며 보내는 대신 그리스에서 바쁘게 지냈고, 덕을 추구하다 보니 철학자들을 능가하게 되었다. 제멋대로 살며 호화롭게 생활한 결과 건강이 안 좋아졌다가 보다 강인하게 살 수밖에 없는 유배지의 환경 덕분에 원기를 회복한 사람도 있다. 심지어 근례로 스파르타 사람인 스파르티아코스처럼 만성질환이 나은

---

* 일체의 사회적 관습과 문화적 생활을 경멸하고 구걸로 생계를 이어 가는 등 '개 같은 삶'을 추구했던 그리스 견유학파의 대표적 철학자. 시노페의 디오게네스라고도 한다. 가난하지만 부끄러움이 없는 자족의 삶을 살았다. 양지바른 곳에서 일광욕을 하고 있을 때 알렉산드로스대왕이 찾아와 원하는 것을 말해 보라고 하자, 아무것도 필요 없으니 햇빛이나 가리지 말아 달라고 했다는 일화로 유명하다.

경우도 있다. 오랫동안 심장이 약한 데다 호화롭게 살아서 자주 아팠던 그는 사치스러운 생활을 중단하자 병이 나았다. 호화로운 생활에 빠졌다가 병에 걸려 전에는 완전히 누워서 지내며 입맛도 잃었던 사람이 유배지의 보다 단순한 삶에 익숙해지면서 그 덕분에 건강을 되찾은 사례도 있다. 사람들은 스스로 할 때보다 강제로 유배지에 보내졌을 때 자신을 더 잘 돌보게 되는 것 같으니, 유배는 육체와 영혼에 방해가 된다기보다 오히려 도움이 된다.

유배지에는 생필품이 부족하다는 말도 사실이 아니다. 게으르고 기략이 없으며 사람 구실을 못하는 이들은 설령 고국에 살고 있더라도 대체로 가난하고 쪼들리지만, 활기차고 부지런하고 총명한 사람은 어디를 가든 잘 지내며 부족함 없이 산다. 호화롭게 살기를 바라지 않는다면 부족하다고 느낄 만한 것이 별로 없다.

인간에게 두 가지 외에 그 무엇이 필요하리?
어디서든 구할 수 있고 이제껏 양식이 되어 온
대지의 여신이 내주는 곡식과 하늘에서 내려 주는
물이면 족하지 않은가?

쓸모가 있는 사람들은 유배지에서도 생필품을 잘 변통해 갈 뿐 아니라 때로는 커다란 재물을 얻기도 한다. 어쨌든 오디세우스의 경우를 보면 그러하다. 파이아키라는 낯선 곳에 당도했을 당시 혈혈단신에 벌거벗고 조난당한 상태였으니 그 어떤 유배보다도 끔찍한 궁지에 몰렸지만 그럼에도 불구하고 많은 재물을 손에 넣을 수 있었다. 고국에서 추방당했던 테미스토클레스*는 우호적이기는커녕 실질적으로는 적국이었던 이방국 페르시아로 도주했지만, 미우스·마그네시아·람프사코스 등 세 도시를 생계를 해결할 원천으로 선물 받았다. 또한 시라쿠사의 디온 역시 참주 디오니시우스로부터 모든 재산을 빼앗기고 고국에서 추방되었지만 유배지에서 큰 부자가 되어 모집한 용병 군대를 이끌고 참주의 섬인 시칠리아로 가서 그곳을 해방시켰다. 제정신이라면 이러한 사례들을 보고도 모든 유배에 대해 추방이 곤궁의 원인이라는 주장을 고수하겠는가?

게다가 많은 재판에서 판결이 잘못 내려지기도 하

---

* 고대 그리스의 장군이자 정치가. 집정관이 되어 아테네를 그리스 제일의 해군국으로 만들었고, 연합 함대를 이끌고 살라미스 해전에서 페르시아 해군을 상대로 대승을 거두었다. 그 뒤로 점차 세력을 잃어 결국에는 도편추방을 당하였다. 유배 중에 페르시아 왕과 내통한다는 모함을 받아 사형이 선고되자 소아시아로 탈출하여, 페르시아의 아르타크세르크세스 1세 치하에서 여생을 보냈다.

고 과거에는 선한 사람들이 죄 없이 유배되기도 했다. 고국에서 부당하게 추방되기도 한다는 사실을 모든 사람이 알고 있으므로 유배지로 쫓겨난 사람이 추방되었다는 이유로 꼭 오명에 시달리지는 않는다. 예를 들면 아테네에서 추방된 의인 아리스티데스*와, 에페소스에서 추방된 헤르모도로스**가 그러하다. 특히 헤르모도로스가 추방당하자 헤라클레이토스는 가장 쓸모 있는 인물을 내쫓은 에페소스의 어른들은 모두 목을 매고 죽어 버려야 한다며 비난했다. 키루스가 아르타크세르크세스 2세와 대결하려고 끌어들인 그리스 용병 스파르타 사람 클레아르쿠스***와 시노페의 디오게네스는 오히려 더 유명해지지 않았던가? 그러나 에우리피데스를 인용하며, 추방된 이는 자유롭게 말할 자유를 박탈당하니

---

* 고대 그리스 아테네의 정치가. 테미스토클레스가 아테나이 성벽을 재건하도록 도왔고 살라미스 해전에서도 보좌했다. 집정관으로 선출된 뒤에는 아테네가 육상 강국으로 지속하기를 고수하여 테미스토클레스의 해상 정책에 맞서다가 도편추방을 당해 아테네에서 쫓겨났다.

** 고대 그리스의 철학자. 플라톤이 세운 아카데미아의 원년 멤버. 플라톤의 작품을 유포했으며, 시칠리아에서 판매한 것으로 전해진다.

*** 아르타크세르크세스 2세에게 패배한 적장의 시신들은 방치되어 대부분 짐승들에게 뜯어 먹혔다. 그러나 클레아르쿠스의 시신만은 강한 바람이 불어와 흙으로 덮였고 마침내는 그 위에 아름다운 숲이 생겨났다. 이를 본 아르타크세르크세스는 클레아르쿠스가 신의 사랑을 받은 사람이라 여겨 그를 죽인 일을 몹시 후회했다고 한다.

개인적 자유를 잃게 된다고 항변하는 사람도 있을 것이다. 에우리피데스의 작품 속에서 추방된 폴리네이케스가 어머니인 이오카스테와 주고받는 다음의 대화를 근거로 말이다.

— 유배 생활 중 가장 견디기 힘든 불행이 무엇이냐?
— 무엇보다도 자유롭게 말할 수 없다는 것이 가장 큽니다.
— 생각하는 대로 말할 수 없으니 노예와도 같은 처지라고 하겠구나.

나는 그 주장에 이렇게 대답하겠다. 에우리피데스의 말처럼 언제 어디서든, 누구 앞에서든 생각하는 대로 말할 수 없다는 점에서 보면 실로 노예의 처지와 같다. 그러나 내가 보기에, 언론의 자유가 생각한 것을 거리낌 없이 말하는 것을 의미한다면, 추방된 이가 자유롭게 말할 수 없다는 주장은 받아들일 수 없다. 사람들이 자기가 생각한 대로 말하기를 두려워하는 이유는 유배가 아니라 말을 함으로써 겪게 될지 모를 고난이나 죽음, 처벌 등을 두려워하기 때문이다. 대부분은 아니더라도 많은 사람이 자기가 태어난 도시에서 안전하게 살고 있으면서도 거리낌 없이 말했다가 어떤 끔찍한 결과가 빚어질지 모른다는 두려움을 느낀다. 그러나 용기 있는 사람은 고국보다는 유배지에서 그러한 모든 두려움에 용감히 맞선다. 고국에서든 유배지에서든 변함없이 자신이 생각하는 대로 말할 용기를 지니고 있다.

에우리피데스의 주장에 대한 반박은 이쯤에서 접고, 디오게네스가 아테네에서 유배 중이었을 때나 해적들에게 잡혀 코린토스로 팔려가게 되었을 때 아테네인이나 코린토스인 가운데 그보다 더 큰 언론의 자유를 보여 준 이가 있었는지 묻고 싶다. 나아가 동시대 사람 가운데 디오게네스보다 더 자유롭게 말한 이가 있었던가? 그는 심지어 노예일 때 자신의 주인이었던 크세니아두스*조차 오히려 노예처럼 지배했다. 그 까닭이 무엇이었는가? 이렇게 오래전 사례를 들먹일 필요조차 없다. 바로 나 또한 유배 중이라는 것을 알고 있지 않은가? 그렇다고 해서 내가 할 말을 못하고 있는가? 내가 생각한

---

*그리스의 철학자. 해적에게 잡혀 노예로 팔려 온 디오게네스를 산 것으로 전해진다. 에우불루스에 따르면, 디오게네스는 아무리 노예라 하더라도 의사나 조타수의 말에 따라야 하듯이, 주인인 크세니아두스도 자신의 말을 들어야 한다고 했다. 이런 그를 두고 크세니아두스는 집안에 훌륭한 인물을 들이게 되었다며 디오게네스에게 아들들의 교육을 맡겼다고 한다.

48

대로 말할 권리를 빼앗긴 적이 있던가? 단지 유배 중이라는 이유로 누군가에게 굽실거리거나 내 운명이 전보다 나빠졌다고 생각하는 것을 본 적이 있는가? 아니, 내가 추방당했다고 해서 불평을 늘어놓거나 낙담한 것을 아무도 본 적이 없으리라고 장담한다. 고국에서 추방당하긴 했으나 유배를 견딜 능력까지 빼앗긴 것은 아니기 때문이다.

유배 생활로 힘들어하지 않으려고 내가 스스로 활용하는 생각들을 거듭 밝힐 필요가 있을 것 같다. 방금 말했듯이 내가 생각하기에는 추방이 인간에게서 모든 것을 앗아가지는 않는다. 심지어 보통 사람들이 재물이라고 부르는 것들조차 말이다. 설령 일부나 전부를 빼앗긴다 하더라도 진정한 재물이라고 할 만한 것은 빼앗기지 않는다. 유배 중이라고 해서 용기와 의로움을 갖는 것까지 막지는 못한다. 그저 추방당했다는 이유만으로 절제력과 지식과 다른 덕목을 갖추지 못할 일은 없다. 이러한 덕목은 제대로 갖추면 명예와 유익을 가져오고 찬사와 훌륭한 평판을 얻지만, 갖추지 못할 경우 손해와 불명예를 초래하고 사악하다는 오명을 뒤집어쓴다. 이것이 사실이므로, 만일 훌륭하며 제대로 된 덕을 갖춘 사람이라면 유배 때문에 손해를 입거나 명예가 실추될 일은 없다. 그 이유는 덕목은 스스로 가장 잘 도울 수 있고 격려할 수 있는 내 안에 존재하기 때문이다. 그러나 내가 훌륭한 사람이 아니라면 나에게 해를 끼치는 것은 추방이 아니라 악이다. 그리고 유배 중에 느끼는 비참은 유배에서 생겨난 것이 아니라 악의 소산이다. 이런 점에서 유배 중일 때보다는 오히려 풀려난 상태를 조심해야 한다. 나는 유배 중에 이러한 말들을 스스로에게 되뇌었고, 이제 당신에게 말해 주는 바이다. 많은 사람들이 유배 생활을 거뜬히 견디어 낸다. 그러므로 당신이 현명하다면 두려워할 것은 악이지 유배가 아니라고 생각할 수 있을 것이다.

사악한 사람을 불행하게 만드는 것은 다름아닌 악이다. 그리고 정당하게 추방되었든 부당하게 추방되었든 어느 쪽도 정당한 불평거리가 될 수 없다. 정당하게 추방된 것이라면 정당한 처벌에 불만을 품는 것이 어찌 합당하거나 옳을 수 있겠는가? 만일 부당하게 추방되었고 (그들이 저질렀듯이) 잘못을 범하는 것이 세상에서 가장 끔찍한 일이라는 데 동의한다면, 악은 우리가 아니라 우리를 추방한 이들에게 엄습할 것이다. 반면에 (우리의 운명이 그렇듯이) 부당한 대우를 견디는 것은 신들과 정의로운 사람들의 눈에는 증오가 아니라 도움을 받아야 할 이유로 보일 것이다.

모욕과 경멸에 대처하는 철학자의 자세

무소니우스는 자신에게 신체 상해를 가한 사람이 누구든 고소하지 않을 것이며, 스스로를 철학자라고 주장하는 다른 이들에게도 결코 그러기를 권하지 않을 것이라고 했다. 신체 상해라 여겨지는 것들 가운데 욕이나 주먹질이나 침 뱉기 등은 당하는 이들에게 실제로는 모욕이나 수치가 아니기 때문이다. 신체 상해 가운데 가장 참기 힘든 것은 주먹질이다. 그러나 스파르타의 소년들이 사람들 앞에서 공개적으로 채찍질을 당하면서도 오히려 기뻐했다는 사실*에서 알 수 있듯이, 얻어맞는 것은 전혀 창피하거나 모욕적인 일이 아니다. 그러므로 철학자가 죽음마저도 가볍게 보아야 할 마당에 주먹질이나 모욕을 가벼이 넘기지 못한다면 무슨 소용이겠는가?

모욕을 가할 목적으로 조롱을 일삼고 뺨을 때리거나 폭언 또는 비슷한 다른 짓을 저지르는 자의 마음은 잔인하기 짝이 없다. 다들 알다시피 데모스테네스에 따르면 사람들은 바라보는 눈길만으로도 모욕을 가할 수

---

* 스파르타의 교육에 따라 소년들은 1년에 한 번은 모두 아르테미스 신전을 방문해 채찍질을 견디는 훈련을 했다. 어린 소년들은 비겁하다는 소리를 듣지 않으려고 혹독한 채찍질을 신음소리 하나 내지 않고 견뎌야 했으며 그 과정에서 죽는 경우도 심심치 않게 발생했다고 한다.

있는데, 그러한 모욕 행위들은 참기 어렵고 어떤 식으로든 상대를 미칠 듯이 분개하게 만든다. 누군가가 악의적 시선으로 바라보거나 비웃음을 보이거나 때리거나 욕설을 퍼부을 때 오로지 통념에만 의거하여 모욕을 당했다고 생각하는 이들은 정말로 좋은 것이 무엇이고 수치스러운 것이 무엇인지 모르는 사람이다. 그러나 철학자라면 마땅히 그래야 하듯이, 현명하고 분별 있는 사람은 이러한 것들에 전혀 동요하지 않는다. 현명한 사람은 수치란 이러한 일을 참는 것이 아니라 저지르는 것이라고 생각한다. 참지 못하고 남을 모욕하는 사람이 잘못된 것 아니겠는가? 부끄러워해야 할 사람은 바로 잘못을 저지르는 자이다. 반면에 묵묵히 당하기만 할 뿐 아무 짓도 하지 않은 피해 당사자는 창피나 수치를 느낄 이유가 전혀 없다. 분별 있는 사람이라면 자신이 모욕을 당했다는 생각조차 않을 테니 고소하거나 고발하지 않을 것이다. 게다가 그러한 일에 화를 내거나 괴로워하는 것은 옹졸한 짓이므로 오히려 일어난 일을 쉽게 그리고 조용히 견딜 것이다. 고결해지겠다는 목적을 품은 사람은 이렇게 처신하는 것이 합당하기 때문이다.

다들 기억하듯이 소크라테스도 틀림없이 이러한

사고방식을 지녔다. 아리스토파네스로부터 공개적으로 조롱을 받았지만* 화를 내기보다 우연히 그와 마주쳤을 때 오히려 자신을 다른 배역으로 써 달라고 요청했다. 공공 극장에서 공개적으로 조롱을 당했음에도 무심하게 대응한 그가 사소한 모욕에 발끈 화를 내는 모습을 상상할 수나 있겠는가? 그리고 훌륭한 포키온은 누군가가 아내를 모욕했을 때 고소하기는커녕 그가 겁에 질려 찾아와 용서를 구하자 자신은 그가 아내를 모욕한 사실조차 몰랐다고 하며 이렇게 대답했다. "비록 다른 여인이라면 그랬을지 모르나 내 아내는 당신에게 전혀 당한 것이 없소. 그러니 내게 사과할 필요 없소."

이외에도 말이나 폭력이나 신체 상해로 모욕을 당했음에도 공격한 이들을 향해 자신의 권리를 방어하거나 다른 방식으로 맞서지 않고 그저 순순히 악행을 참은 많은 사람들을 열거할 수 있다. 이런 점에서 그들은 옳았다. 상처를 입힌 사람에게 앙갚음을 하고 악행을 되돌려 줄 방안을 강구하는 것은 인간이 아니라 짐승이나 하는 짓이다. 인간에게 자행되는 악행의 대다수가 무지와 오해에서 비롯되었다는 사실을 짐승들은 모르지만 사람은 배워서 알게 되면 당장 그만둘 것이다. 모욕에 반

---

*아리스토파네스는 소크라테스를 주인공으로 내세운 희극 『구름』을 써서 무대에 올렸다. 이 작품은 소크라테스를 어리석기 짝이 없는 소피스트로 그렸다.

응하여 격노하고 잘못을 저지른 이들에게 앙심을 품기보다는 그들에게 좋은 희망의 원천이 되는 편이 자비롭고 문명화된 삶의 방식이다.

실제로는 꼴사나운 짓이자 자신의 가르침에 완전히 역행하는 짓이나 마찬가지인 법적 절차와 고발로 스스로를 방어할 준비가 된 양 행동하지 않고, 오히려 잘못을 저지른 사람을 용서할 만큼 훌륭하게 처신할 철학자보다 뛰어난 인물이 있겠는가? 못된 사람은 훌륭한 사람에게 잘못을 저지를 수 없다. 그럼에도 불구하고 마치 못된 사람들에게 나쁜 일이라도 당했다는 듯이 기소장을 작성한다면 그가 어찌 스스로를 훌륭한 사람이라고 할 수 있겠는가?

스스로에 대해 자존감을 갖기 시작한다면
모든 사람으로부터도 존경받게 될 것이다.

철학자의 생계 수단

철학에 전혀 뒤지지 않는 다른 생계 수단을 꼽으라면 자경이 되었든 소작이 되었든 땅으로 생계를 유지하는 일이라 하겠다. 아마도 강건한 사람에게는 땅을 일구는 쪽이 훨씬 좋으리라는 생각이 합리적일 것이다. 국유지든 사유지든 땅을 경작하는 사람은 자신만이 아니라 아내와 아이들도 부양할 수 있기 때문이다. 자기 손으로 힘들게 일하여 꽤 윤택한 수준까지 올라선 사람도 있다. 대지는 그 무엇보다도 공정하게 그 대가를 지불하고, 받은 것을 몇 곱절로 되갚아 주며, 기꺼이 일하려는 사람이라면 누구에게나 모든 생활필수품을 넉넉히 마련해 준다. 그러면서도 사람의 자존감이나 자긍심을 해치지 않는다.

안락한 생활로 나약해진 인간을 제외하고는 농사일이 훌륭한 사람에게 어울리지 않거나 저급하다고 주장할 사람은 없으리라. 나무를 심거나 밭을 갈거나 포도나무의 가지를 치는 일이 어찌 훌륭하지 않다고 할 수 있는가? 파종과 수확과 타작은 모두 자유민의 일이며 선량한 사람들에게 어울리는 작업이 아닌가? 양떼를 돌보는 일은 헤시오도스*를 수치스럽게 한 적이 없으며 신을 사랑하며 시인으로 사는 데 어떤 걸림돌도 되지 않았다. 다른 사람에게도 마찬가지일 것이다. 사실 이러한 점이 농사의 모든 측면 가운데 가장 내 마음에 드는 부분이다. 자아 발전 및 훈련과 관계된 일들에 대해 숙고하고 살펴볼 정신적 여유가 더 생기기 때문이다.

온몸을 쓰며 고되게 하는 일들은 정신적으로도 그만큼 집중력이 요구되므로 결국에는 신체에만 몰두하게 만드는 반면, 과도한 육체노동을 필요로 하지 않는 작업은 정신이 보다 고차원적인 일들을 숙고하는 데 방해가 되지 않는다. 그리고 그러한 추론 과정을 통해 사람들은 스스로 지혜를 발전시킬 수 있는데, 이는 모든 철학자들이 애써 달성하려는 목표다. 이런 이유로 나는 특히 양치기의 삶을 추천한다.

허나 일반적으로 말하자면, 철학자로서의 삶에 전념하는 동시에 땅을 경작한다면 다른 어떤 삶의 방식도 그에 비견할 수 없으며 그보다 나은 생계 수단도 없다고 생각한다. 다른 생계원이 아니라 우리 모두를 낳고 키운

---

* 고대 그리스의 농경 시인. 호메로스와는 대조적으로 종교적·교훈적·실용적 특징을 지닌 서사시를 대표한다. 작품으로는 『신통기』와 『노동과 나날』이 있는데, 특히 농경 기술과 노동의 신성함을 서술한 『노동과 나날』은 목가적 서술이 뛰어나다.

대지로부터 직접 생계를 구하는 것이야말로 '자연과 일치하여 사는 것' 아니겠는가? 소피스트들처럼 도시에서 무위도식하느니 시골 사람처럼 사는 삶이 더 좋지 않겠는가? 바깥 공기와 태양의 열기를 멀리하기보다는 야외에서 살아가는 쪽이 훨씬 더 건강에 좋지 않겠는가? 자신에게 필요한 생필품을 스스로 노동하여 구하는 편이 다른 이들에게서 받는 것보다 자유민에게 훨씬 어울린다고 생각하지 않는가? 다른 이들의 도움을 요청하느니 누구의 도움도 없이 생필품을 구하는 쪽이 훨씬 당당하다는 것은 명백하다. 땅에 터전을 잡고 손수 밭을 갈면서 도시에서의 삶에 초연했던 두 사람, 신으로부터 '현명하다'는 소리를 들은 케나이의 뮤손*과 '행복하다'는 소리를 들은 프소피스의 아글라우스**의 사례에서 보듯이 정신의 선을 닦는 데 태만하지 않는다면 땅을 일구는 삶이야말로 매우 훌륭하고 행복하며 하늘이 내린 축

---

* 케나이 출신의 농부. 플라톤이 『대화』에서 그리스의 일곱 현자로 코린토스의 페리안드로스 대신 꼽은 인물이다. 철학자나 정치가, 시인인 다른 현자들과 달리 평범한 농부 출신으로 97세까지 무병장수했으며 델포이에 있는 아폴론 신전에서 '당대에 살아 있는 가장 지혜로운 자'라는 칭호를 받았다고 한다.
** 고대 그리스 아르카디아의 반신화적 인물로 가난한 시민이었다. 리디아의 기게스 왕이 아폴론 신전에 자신보다 행복한 사람이 있느냐고 물었을 때 신탁은 아글라우스가 가난하지만 스스로 만족하므로 더 행복하다고 선언했다.

복 아니겠는가. 두 사람의 사례는 본받을 만하며, 그들의 뒤를 좇아 그들처럼 열심히 경작하는 삶을 살고 싶은 자극제가 될 만하지 않은가?

젊은이들이 철학을 배우는 데 영향을 미칠 만큼 학식이 높은 이가 그저 농부처럼 땅을 일구고 노동하는 것이 말이 되느냐고 말할 사람도 있을 것이다. 만일 땅을 일구느라 철학에 매진하는 일이나 다른 이들의 배움을 돕는 데 소홀하다면 그것은 정말로 잘못된 일일 것이다. 그러나 그런 일은 없을 것이고, 도시에서 스승과 회합하거나 정식 강연·토론을 듣는 쪽보다 손수 일하는 모습을 통해 고난을 견디고 생계를 다른 사람에게 의지하지 않고 자기 몸으로 직접 노동의 고통을 견뎌야 한다는 철학의 본래 가르침을 몸소 실천하며 들판에서 일하는 스승을 보는 편이 학생들에게는 유익하다고 생각한다. 몸소 일하면서 절제나 정의나 인내에 대해 가르치는 스승의 말에 학생들이 귀 기울이지 않도록 막을 방도가 무엇이란 말인가? 철학을 잘 가르치는 이들은 말을 많이 할 필요도 없고, 소피스트들이 자랑하는 현세의 이 방대한 가르침을 학생들이 모두 통달할 필요도 없다. 그런 것을 다 배우려면 평생이 걸려도 부족할 것이다. 그러나 끊임

없이 일하는 것이 아니라 휴식하는 시간을 갖는다면 농사일을 하면서도 가장 중요하고 유용한 것들을 배울 수 있다. 물론 나도 이런 식의 배움을 원하는 사람이 거의 없다는 사실을 잘 안다. 그렇지만 철학을 공부하고 있다고 말하면서도 철학자 근처에는 가지 않는 대다수의 젊은이들, 즉 응석이나 부리고 약해빠져 그 존재로 철학의 훌륭한 명성에 먹칠하는 젊은이들에게는 훨씬 더 유용할 것이다.

철학을 진심으로 추구하는 사람이라면 분명 시골에서 훌륭한 스승과 기꺼이 함께 살아 갈 것이다. 설령 그곳이 매우 척박하더라도 철학 공부에 방해만 되는 도시의 악으로부터 떨어져 밤낮으로 스승 곁에 체류하며 살아감으로써 큰 이득을 얻게 될 것이다. 그리고 그런 상황에서는 선행이든 악행이든 모든 행위가 사람들의 시선을 피할 수 없을 텐데, 이는 아직 배우고 있는 학생에게는 커다란 이점이다. 또한 훌륭한 사람의 감독 아래에서 먹고 마시고 자는 생활은 매우 유익하다. 시골에서 스승과 함께 살다 보면 피할 수 없는 이 모든 일들을 테오그니스는 다음과 같은 시구로 찬양했다.

훌륭한 사람들과 함께 지내며 먹고 마시라,
그리고 영향력과 힘이 대단한 그들에게서 인정을
받으라.

함께 지내며 먹고 마실 경우 사람들의 선에 큰 영향
력을 끼치는 사람은 다름 아닌 훌륭한 사람이라는 의미
가 다음의 구절에서 드러난다.

훌륭한 사람들로부터는 선을 배울 테지만,
나쁜 무리와 어울린다면 그나마 갖고 있는 정신마저
망치고 말 것이다.

그러니 농사일이 도리를 배우거나 가르치는 데 방
해가 된다고 해서는 안 된다. 이러한 환경에서는 학생이
스승과 밀접한 관계를 맺으며 살아가고 스승은 제자를
늘 가까이 둘 수 있다는 점을 깨닫는다면 방해가 될 수
없다. 사실이 이러하니, 농사로 생계를 꾸리는 것이 철
학자에게 가장 어울리는 일인 듯하다.

○ 　원래 인간은 덕을 추구하도록 타고났다

무소니우스의 말에 따르면 우리는 본래 잘못을 저지르지 않고 고귀하게 살도록 창조되었다. 누구는 그럴 수 있고 누구는 그럴 수 없는 것이 아니라 모두가 그렇다. 이를 입증할 가장 확실한 증거는 입법자들이 누구에게나 한결같이 해야 할 것을 규정하고 하지 말아야 할 것을 금지하여 노인이나 젊은이, 강자나 약자를 막론하고 누구든 이에 불복하거나 잘못을 저지르는 사람은 처벌한다는 사실이다. 다른 예술 활동에서는 제대로 배우지 않으면 실수를 저지를 것이 뻔히 예상된다. 인간이 덕에 관한 모든 관념을 타고 나지 않아 다른 예술처럼 외부에서 습득해야 하는 것이라면, 일상에서 우리가 잘못을 저지르지 않게 만드는 유일한 것이 덕이라는 사실을 알면서도 덕을 배우지 못한 사람이 잘못 처신하지 않으리라 기대하는 것은 사리에 맞지 않는다.

환자를 돌볼 때 실수하지 않으려면 의사가 필요하고, 수금을 다루려면 음악가가, 배를 잘 몰려면 조타수가 필요하다. 그러나 처신과 관련해서는 철학자만 잘못을 저지르지 않으리라 기대하지는 않는다. 덕에 관심이 있는 철학자는 말할 것도 없고 덕에 전혀 관심이 없는 사람들까지 모든 이들이 잘못 처신하지 않으리라 기대된다. 이는 인간이 천성적으로 미덕을 추구하는 성향을 타고난다는 것 외에는 달리 설명할 길이 없다. 그리고 이것은 확실히 우리 본성에 선량함이 존재하며 모든 이들이 스스로에게 덕이 있으며 선하다고 말하는 강력한 증거이다.

평범한 사람을 예로 들어 보자. 자신이 멍청한지 똑똑한지 묻는다면, 스스로 어리석다고 고백하는 사람은 아무도 없을 것이다. 또한 정의로운지 정의롭지 않은지 물어보면, 스스로 정의롭지 않다고 대답하는 사람은 없을 것이다. 마찬가지로 절제력이 있는지 무절제한지 묻는다면, 절제력이 있다고 즉시 대답할 것이다. 마지막으로 선한지 악한지 묻는다면, 덕을 가르쳐 준 스승의 이름을 대거나 이제껏 덕에 관해 쌓아 온 공부나 실천을 열거하지는 못하더라도 스스로 선하다고 답할 것이다. 그렇다면 이러한 사실은 인간의 영혼이 선과 고결함에 이끌리는 성향을 타고났으며, 우리 각자에게 덕의 씨앗이 존재한다는 증거가 아니겠는가? 더구나 선은 전적으로 우리에게 유리하므로, 자신이 정말 선하다고 스스로 속이는 사람이 있는가 하면 선하지 않다고 인정하기를 부끄러워하는 이들도 있다. 문학이나 음악, 체육 등 기예의 경우 배운 적이 없는 사람은 그것을 안다고 주장하거나 아는 척할 수도 없고, 가르쳐 준 스승의 이름조차 거론할 수 없다.

이와는 달리 모든 사람들은 어째서 스스로에게 덕이 있다고 말하는 걸까? 그 이유는 이러한 다른 기예들은 선천적인 것이 아니라서 인간이 그에 대한 능력을 타고 나지 않은 반면, 덕에 이끌리는 성향은 우리 모두가 타고났기 때문이다.

결혼에 관하여

무소니우스는 결혼이란 궁극적으로 자식을 낳을 의도로 생활 공동체를 꾸리는 것이라고 보았다. 그에 따르면 남편과 아내는 공동의 삶을 꾸리고 자녀를 출산하며 심지어 육체조차도 서로 개인적이거나 사적인 것이 전혀 없이 만사를 공유할 목적으로 하나가 되어야 한다. 그러한 결합에서 생겨나는 인간의 탄생은 확실히 멋진 일이지만, 그것만으로는 남편과 아내의 관계에 충분치 않다. 혼인 생활과는 아주 별개로 그런 결합은 동물들의 사례에서 볼 수 있듯이 다른 성적 결합으로부터도 생겨날 수 있기 때문이다. 혼인 생활에는 무엇보다도 완전한 동반자 의식이 있어야 하고, 남편과 아내는 건강할 때에는 물론 아플 때에도 어떤 상황에서든 서로 사랑해야 한다. 두 사람이 혼인 생활을 시작하려면 아이를 갖고 싶은 욕구뿐 아니라 서로 사랑하려는 열망도 있어야 한다. 그러므로 서로에 대한 사랑이 완전하고 두 사람이 그러한 사랑을 전적으로 공유하며 서로에게 더 헌신하려고 애쓸 때에 비로소 그 결혼은 이상적이고도 선망할 가치가 생긴다. 그러한 결합이야말로 아름답기 때문이다.

　　그러나 서로 자신의 이익에만 관심이 있어 상대를 소홀히 하거나 더 나쁘게는 그런 마음이 너무 강하여 한 집에 살면서도 다른 곳에 관심을 쏟으며 배우자와 협력하거나 화목하게 지내려 하지 않는다면 그 결합은 실패로 끝날 수밖에 없고, 함께 살고 있더라도 공통의 이익은 크지 않을 것이다. 결국 두 사람은 완전히 갈라서거나 함께하더라도 혼자 지내니만 못하게 될 것이다.

　　그러니 결혼을 생각하는 사람들은 집안이라든가, 재산이라든가, 외모 등을 따져서는 안 된다. 다시 말해서 명문가 출신인지, 가진 것이 많은지, 용모가 아름다운지 등을 따지지 말아야 한다. 많은 재산이나 외모나 좋은 가문은 공동의 이익과 공감의 협력 관계를 증진시키는 데 효과적이지 않거니와 자녀를 낳는 데에도 중요하지 않다. 신체가 건강하고, 정상적인 모습이며 힘든 일을 할 수만 있다면 결혼하기에 충분하다. 이런 신체를 가졌다면 유혹하는 사람의 함정에 덜 빠질 것이고, 육체노동을 하는 데 더 잘 적응하며, 아이를 잉태하고 출산할 힘이 충분할 것이다.

　　인격이나 정신과 관련해서는 절제와 정의에 익숙

한, 요컨대 미덕에 자연적으로 이끌리는 상대라야 한다. 이러한 자질은 남편과 아내 양쪽이 모두 갖추어야 한다. 남편과 아내 사이에 마음과 품성이 일치되지 않는다면 훌륭한 혼인 생활이 이루어질 수 없고 관계가 유익할 수 없기 때문이다. 상스러운 두 사람의 정신이 어찌 서로 일치될 수 있겠는가? 또는 선한 사람이 악한 사람과 어찌 조화를 이룰 수 있겠는가? 구부러진 나무 조각은 곧은 조각에 맞지 않을뿐더러 둘 다 구부러진 조각들도 서로 맞지 않는다. 구부러진 것은 다른 구부러진 것에 끼울 수 없을 것이며, 마찬가지로 곧은 것에는 더더욱 끼울 수 없기 때문이다. 그러니 악한 사람은 악한 이와도 사이가 좋지 않고 일치하지 않을뿐더러 더욱이 선한 이와는 더 안 맞는다.

양육에 관하여

자녀를 키우는 것은 고결하고도 유익한 일이다. 자녀가 많은 사람은 도시에서 예우를 받고 이웃으로부터 존경을 받으며, 자녀가 적은 동년배보다 더 큰 영향력을 미친다는 사실을 보면 그렇게 추측할 수 있다. 친구가 전혀 없는 사람보다 친구가 많은 사람이 훨씬 유력하고, 자식이 아예 없거나 얼마 되지 않는 사람보다 많은 사람들이 더 유력하다는 것은 굳이 말할 필요도 없다. 자식이 친구보다 가깝기 때문이다.

자녀들에게 둘러싸인 남녀의 모습만큼 보기 좋은 광경이 어디 있겠는가. 틀림없이, 자신이 태어난 조국에서 부모의 손을 잡고 이끌거나 다른 식으로 공손하게 돌보며 부모의 명예를 수호하는 자녀들의 합창도 신들에게 경의를 표하려고 늘어선 행렬만큼 아름답고, 종교 의식에서 질서정연하게 추는 합창 군무만큼 볼 만한 가치가 있을 것이다. 이러한 광경보다 더 아름다운 것이 무엇이란 말인가? 특히 이 부모들이 선량한 사람이라면 그들보다 더 선망의 대상이 되는 사람들이 어디 있겠는가? 이들에게 신들의 축복을 흔쾌히 청하거나 곤궁에 처했을 때 기꺼이 도와주지 않을 이는 없을 테니 말이다.

그건 맞는 말이지만 가난한 데다 수입도 없는데 자식만 많다면 무슨 수로 먹여 살리느냐고 반문하는 사람도 있을 것이다. 하지만 그보다 훨씬 더 가난한 작은 새인 제비와 지빠귀와 종달새와 찌르레기가 새끼들을 어떻게 먹이는지 보았는가? 호메로스는 다음과 같은 말로 이를 표현했다.

새조차도 자신은 지독히 굶주릴지언정
발견한 먹이를 아직 어린 새끼에게로 가져가듯이

이러한 생물들이 인간보다 지능이 뛰어난가? 분명 그렇지 않다고 대답할 것이다. 그렇다면 힘이 더 센가, 참을성이 많은가? 아니, 그 점에서도 마찬가지다. 그렇다면 그것들이 음식을 따로 모아 두었다가 저장하기라도 하는가? 전혀 아니다. 그럼에도 그들은 새끼를 키우며 자신에게서 태어난 모든 새끼를 먹여 살릴 방법을 찾아낸다. 그러니 가난을 핑계 삼는 것은 타당하지 않다.

그러나 그 무엇보다도 가장 끔찍하게 생각되는 것은 바로 가난을 핑계 삼을 수 없는 이들, 즉 꽤 살 만하고 심지어 부유한데도 불구하고 손위 자식에게 더 큰 재산을 물려주려고 자식을 더 안 낳을 만큼 냉혹한 사람들이다. 이들은 살아 있는 자식을 잘살게 하려고 그처럼 사악한 짓을 저지른다. 자식에게서 형제자매를 강탈하는 이들은 더 많은 몫의 재산을 물려줄지는 모르지만 많은 재산을 가지는 것보다 형제가 많은 것이 얼마나 더 좋은 일인지는 알지 못한다.

재산은 이웃의 음해를 불러일으키기 쉽지만 형제들은 그런 일을 막아 준다. 재산은 지켜야 할 대상이지만 형제들은 든든하게 지켜 주는 지원군이 된다. 아무리 좋은 친구라도 형제에 비할 수 없고, 친구나 동료 등 다른 이들이 주는 도움은 형제가 주는 도움에 비교할 수 없다. 안전을 보장하는 데 형제의 온정에 비길 만큼 좋은 것이 뭐가 있겠는가? 좋은 형제만큼 공동 재산을 잘 나눌 마음을 가질 사람이 누가 있겠는가? 불행을 겪을 때에 그러한 형제만큼 곁에 있어 주길 바랄 사람이 있겠는가? 마음이 통하는 많은 형제들과 사는 사람만큼 선망의 대상은 없으며, 가정에서 이러한 축복을 누리는 사람이야말로 신들에게 가장 사랑받는 사람이라고 본다.
그러므로 자식들에게 더 확실한 축복을 안겨 주려면 재
산보다 형제들을 남겨 주려고 애써야 한다고 믿는다.

○　　자식은 부모 말에 무조건 순종해야 하는가

한 청년이 철학을 공부하고 싶었지만 아버지로부터 제지당하자 매사에 부모님께 순종해야 하는지, 아니면 귀기울이지 않아도 되는 경우가 있는지 무소니우스에게 물었다. 이에 대해 무소니우스는 다음과 같은 주장을 폈다. 어머니와 아버지에게 순종하는 것은 올바른 일로 보이며 그렇게 하도록 권장된다. 그러나 순종이 무엇인지, 그보다 먼저 순종의 본질이 무엇인지 알아보고, 반항아란 어떤 사람인지 생각해 보자. 이렇게 하면 순종의 본질이 무엇인지 이해하기가 쉬울 것이다.

다음 경우를 살펴보자. 만일 의사도 아니고 건강 및 질병 문제에 관한 경험도 없는 아버지가 병약한 아들을 위해 위험하고 해로운 처방을 하는데, 그 사실을 아는 아들이 아버지의 처방을 따르지 않는다고 해서 그것을 순종하지 않는 것이라 할 수 있는가? 그 아들을 반항아라고 할 수 있는가? 그렇지 않을 것이다. 거꾸로, 아픈 아버지가 섭취하면 병세를 악화시킬 게 빤한 음식과 포도주를 요구하는데, 아들이 이 사실을 알면서도 아버지에게 그것들을 준다면 그걸 순종이라거나 효심에서 우러난 행위라고 할 수 있는가? 아무도 그렇게 여기지 않을 것이다.

　이보다 덜 반항적이라 생각될 다음 경우도 살펴보자. 어떤 아버지가 돈을 탐내어 아들에게 위탁된 돈을 훔치거나 가지고 달아나라고 명령했지만 아들이 그 명령을 따르지 않을 경우 말이다. 자식에게 그런 명령을 내릴 부모가 어디 있느냐고? 글쎄, 내가 알기로는 그렇게 사악한 부모가 하나 있다. 용모가 빼어난 아들을 둔 어느 아버지는 그 아들을 사창가에 팔아 넘겼다. 자, 그러니 아버지에 의해 사창가로 팔려간 그 청년이 아버지의 명령을 거부했다면 그가 과연 반항한 것이라 하겠는가, 아니면 순수한 품성을 보인 것이라 하겠는가? 확실히 불복종과 반항은 비난받아 마땅하고 수치스러운 말이긴 하지만, 해서는 안 될 짓을 삼가는 것은 비난이 아니라 칭찬받아야 마땅하다. 그러므로 아버지, 집정관, 심지어 참주가 잘못되거나 부당하거나 수치스러운 뭔가를 하라고 명령했더라도 그대로 따르지 않는 것은 잘못을 저지르거나 옳지 않은 일을 하는 것이 아니므로 전혀 반항하는 것이라고 할 수 없다. 선하고 올바르고 유용한 명령을 무시하며 그에 따르기를 거부하는 경우에만 불복하는 것이다. 불복하는 사람은 바로 그런 사람을 가리킨다.

순종하는 사람은 그와는 정반대로 행동하며 완전히 다르다. 그는 누군가의 조언이 올바르다면 거기에 귀 기울이고 자발적으로 따르는 부류다. 그러한 사람이 순종적인 사람이다. 그처럼 부모와의 관계에서도 부모가 해 주는 훌륭하고 올바른 조언이라면 무엇이든 자발적으로 따를 때에 순종적이라 할 수 있다. 설령 부모가 조언하지 않더라도 올바르고 적절한 행위를 하는 사람은 부모에게 순종하는 것이라고 생각한다. 내가 보기에는 아버지가 원하는 대로 행동하고 아버지의 바람에 따르는 사람은 아버지에게 순종하고 있는 것이다. 그리고 마땅히 해야 할 것을 행하고 더 나은 길을 추구하는 사람은 아버지의 바람에 따르고 있는 것이다. 어째서인가? 모든 부모는 진심으로 자녀에게 관심을 갖고 있기 때문이다. 그렇게 관심을 갖고 있기 때문에 자식이 옳고 유익한 일을 행하기를 바라는 것이다. 결과적으로 옳고 유익한 일을 행하는 사람은 부모가 원하는 대로 하는 사람이므로 부모가 그런 행동을 하라고 구구절절 명령하지 않을지라도 그렇게 함으로써 부모에게 순종하는 결과를 낳는다. 매사에 부모에게 순종하려는 사람이라면 오직 이 사실만을 염두에 두어야 한다. 즉 자신이 하고자 하는 일이 선하고 유익한지 여부를 살펴야 한다. 그러한 확신이 든다면 어떤 행위를 하더라도 그것은 부모에게 순종하는 것이다.

그러니 부모가 무엇인가 옳지 않은 일을 하라고 시킬 때 그것을 하지 않거나, 옳은 일을 행하는 것을 용납하지 않는데도 기꺼이 한다면 그 행위가 행여 부모에게 반항하는 것이 될까 두려워하지 말라. 아버지가 옳지 않은 일을 시키거나 옳은 일을 못하게 말리더라도 본인이 잘못을 저지르는 데 아버지를 핑계 삼지 말아야 한다. 부도덕한 명령에는 따를 필요가 없다는 것은 누구나 알 것이다. 아버지가 음악에 대해 하나도 모르면서 아들에게 하프를 틀리게 연주하라고 명령하거나, 문법을 아는 아들과 달리 문외한이면서 배운 대로가 아니라 다른 식으로 읽고 쓰라고 아버지가 아들에게 명령한다면 그대로 따를 사람이 있겠는가? 배를 어떻게 몰아야 하는지 아는 아들에게 이를 전혀 모르면서도 잘못된 방법으로 몰라고 명령하는 아버지 말을 들을 아들이 있겠는가?

이 정도면 충분히 설명이 되었으리라.

　이제, 아버지가 철학에 대해 아무것도 모르면서 철학이 무엇인지 배워 이해하고 있는 아들에게 철학 공부를 용납하지 않는다면 어떻게 해야 좋을지 생각해 보자. 아들은 아버지 말에 그냥 따라야 하겠는가, 아니면 잘못된 조언을 하고 있으니 아버지에게 잘 알려드려야겠다고 생각하겠는가? 이렇게 대답할 수 있을 것이다. 아버지의 성질이 극히 완고하지 않다면 어쩌면 이성을 활용하여 철학에 대해 올바른 태도를 취하도록 설득할 수 있을 것이다. 부모가 어떤 주장으로도 설득되거나 뜻을 굽히지 않더라도 아들이 철학의 가르침을 진심으로 실천한다면 부모의 마음을 돌리게 될 것이다. 그 아들은 철학을 공부하는 학생으로서 가능한 최대한 부모를 배려하며 예의바르고 상냥하게 행동할 것이기 때문이다. 부모와의 관계에서도 논쟁을 일삼거나 고집을 부리거나 성급히 화를 내지 않을 것이다. 나아가 말을 삼가고, 식욕이나 성욕도 자제할 것이며 위험과 고난에 처해서도 굳건히 버틸 것이다. 그리고 마지막으로, 참된 선을 인식할 능력을 갖추고 있어 겉보기에만 좋은 것을 검증 없이 넘기지 않을 것이다. 그 결과 아버지를 위해 모든 쾌락을 자진하여 포기하고 온갖 종류의 고난을 기꺼이 받아들일 것이다. 그런 아들을 얻게 해 달라는 기도를 바치지 않을 사람이 있을까? 그런 아들을 두었다면 분별력 있는 모든 사람에게 제일 부러움을 살 것이며 축복받은 아버지로 비칠 텐데 아들을 사랑하지 않을 아버지가 어디 있겠는가?

그런 사람이 되겠다는 목표를 세우고, 철학의 가르침을 진심으로 터득한다면 틀림없이 그렇게 될 테니 원하는 대로 아버지의 허락을 유도하거나 설득할 수 없다면 이렇게 생각하라. 아버지는 철학 공부를 용납하지 않지만 모든 인간과 신들의 아버지인 제우스는 그렇게 하라고 명령하고 권고하신다. 그분의 명령과 법은 인간이 정의롭고, 정직하고, 온정이 넘치며, 절제하고, 고결하며, 모든 시기심과 원한을 품지 않고, 고통과 쾌락에 초연하라는 것이다. 한마디로 말해 제우스의 법은 인간이 선하게 되라는 것이다. 선하게 된다는 것은 철학자가 된다는 것과 같은 말이다. 아들이 아버지의 말에 순종한다면 인간의 뜻을 따르는 것이고, 철학자의 삶을 선택한다면 신의 뜻을 따르는 것이다. 그러므로 포기하지 말고 철학을 추구하는 것이 아들의 의무이다.

아버지가 아들을 가두어 놓고 철학 공부를 하지 못하게 막는다면 어찌 하느냐고 반문할 수도 있다. 어쩌면 그럴 수도 있겠지만 아들이 기꺼이 따르지만 않는다면 아버지도 아들이 철학 공부하는 것을 막지는 못할 것이다. 철학은 손이나 발 또는 다른 신체 기관으로 공부하는 것이 아니라 정신과 그 안의 아주 작은 부분, 우리가 이성이라 부르는 것으로 공부하는 것이기 때문이다. 신은 볼 수도 만질 수도 없고, 아무런 강요도 받지 않고 스스로 힘을 갖춘 가장 강력한 곳에 이것을 심어 놓았다. 특히 아들의 정신이 선하다면 아버지는 아들이 그것을 사용하고, 마땅히 해야 할 생각을 하고, 선한 일을 좋아하고 선택하며, 비열한 짓을 혐오하고 거부하지 못하도록 막을 수는 없을 것이다. 바로 이렇게 하는 과정이 곧 철학 공부다.

헤진 외투를 걸치거나 머리를 길게 기를 필요도 없고, 남다른 복장을 하지 않아도 되고, 보통 사람들이 하는 평범한 관습들을 굳이 마다할 필요가 없다. 확실히 직업적인 철학자들은 충분히 보통 사람들과는 다르게 행동할 테지만, 철학은 그런 겉치레보다는 인간의 도리가 무엇인지 곰곰이 생각하고 그에 대해 숙고하는 데 있다.

만약 옳은 것을 고수하기로 선택한다면,
어려운 상황이 닥쳐도 불안해하지 말고,
살면서 원하지는 않았지만 결국에는
최선인 것으로 드러난 일들이 얼마나
많이 일어났는지 되돌아보라.

○ 딸도 아들과 똑같이 교육해야 한다

딸을 아들과 동등하게 교육시켜야 하는지에 대한 문제가 대두하자, 무소니우스는 말과 개 조련사는 암컷과 수컷을 훈련하는 데 아무런 차등도 두지 않는다는 데 주목했다. 암캐도 수캐와 마찬가지로 사냥하도록 가르치며, 말이 제대로 일을 하도록 조련하는 데에도 암말과 수말 사이에 별 차이가 없다는 것을 알 수 있기 때문이다. 그러나 인간의 경우에는 여성과 남성에 똑같은 미덕이 존재하지 않는다거나, 동일한 교육이 아니라 차별화된 교육을 통해 똑같은 미덕을 쌓을 수 있다는 듯이 여성보다 남성에게 특별하고 예외적인 훈련과 교육을 시켜야 한다고 느끼는 것 같다.

그럼에도 불구하고 남자에게 어울리는 덕목과 여자에게 어울리는 덕목이 다르지 않다는 점은 쉽게 알 수 있다. 우선 남자는 분별력을 갖춰야 하는데 그것은 여자도 마찬가지다. 여자든 남자든 어리석은 사람을 어디에 쓰겠는가? 남자나 여자나 올바르게 사는 것이 중요하다. 의롭지 못한 남자는 훌륭한 시민이 되지 못할 것이며, 의롭지 않은 여자라면 가정을 잘 돌보지 못할 것이기 때문이다. 뿐만 아니라 의롭지 않은 여자는 그리스 신화에 나오는 에리필레*처럼 남편에게 해를 끼칠 것이다. 마찬가지로 혼인한 여자에게는 정절을 지키라는 요구가 따르는데, 그것은 남자도 마찬가지이다. 어떠한 경우든 법은 간통을 저지른 사람과 그 상대에게 동일한 처벌을 내리도록 규정한다. 무절제라는 악덕으로 그것을 저지르는 사람들에게 불명예를 안겨 주는 폭식, 폭음, 그와 관련된 기타 악행은 남녀노소를 막론하고 모든 인간에게 절제가 가장 필요하다는 사실을 보여 준다. 방종에서 벗어날 수 있는 유일한 길이 절제이기 때문이다.

아마도 용기는 남자에게만 적합한 미덕이라고 주장하는 사람들도 있으리라. 하지만 그렇지 않다. 정상적인 여성이라면 고난이나 두려움에 흔들리지 않도록 용기를 가지고 비겁함을 완전히 떨쳐 버려야 할 것이다. 이와 달리 위협이나 완력에 굴복해 치욕을 당할 수밖에 없다면 어떻게 자제력이 있다고 할 수 있겠는가? 새끼들을 지키려고 자신보다 훨씬 큰 동물과 싸우는 암탉이나 다른 어미 새들보다 비겁하게 보이고 싶지 않다면 여성은 공격을 물리칠 수 있어야 한다. 그렇다면 어찌 여

---

* 아르고스의 통치자이자 예언자인 암피아라오스의 아내.
하르모니아가 준 목걸이에 매수되어 남편에게 참전을 종용
해 결국 죽게 만들었다.

성에게 용기가 필요하지 않겠는가? 아마조네스 부족**
이 전쟁에서 여러 부족을 물리쳤을 때 여성들도 무예에
어느 정도 역량을 갖추고 있음을 보여 주었다. 그러므로
다른 여성들에게 이러한 종류의 용기가 부족하다면 그
러한 용기를 타고 나지 않아서라기보다는 제대로 발휘
하지 못했거나 훈련이 부족했기 때문이다.

만일 여성과 남성이 동일한 미덕을 가지고 태어난
다면, 같은 종류의 훈련과 교육이 적합할 것이다. 동물
이든 식물이든 모든 생물을 빼어난 상태로 만들려면 적
절한 보살핌이 필요하다. 만약 여자와 남자가 동일한 상
황에서 피리를 연주할 수 있어야 한다면, 더구나 생계를
유지하기 위해 둘 다 피리를 연주해야 한다면, 두 사람
에게 정확히 똑같은 피리 연주법을 철저히 훈련시키는
것이 맞지 않을까? 하프를 연주해야 한다면 마찬가지
로 동일하게 교육시켜야 하지 않을까? 그렇다면 남성과
여성이 모두 인간에게 적합한 덕목, 즉 분별력·절제·용
기·정의를 갖춰야 한다면 우리는 인간이 선해지는 기술
을 성별에 상관없이 가르쳐야 하지 않겠는가? 아니, 반
드시 그렇게 해야만 한다. 이렇게 말하는 사람도 있을
것이다. "아니 그럼 남자가 여자처럼 물레질을 배우고,

** 그리스 로마 신화 속 여전사들로만 이루어진 전설적 부
족. 남자아이가 태어나면 죽이고 여자아이만 길렀다고 한다.
그리스 신화의 많은 영웅들이 이 사나운 부족과 싸움을 벌
였다.

여자도 남자처럼 운동 훈련에 참여해야 한다고 생각하는 거요?" 내 말은 그런 뜻이 아니다. 남자는 타고난 체격이 건장하고 여자는 상대적으로 약하니 각자의 본성에 맞는 일을 맡겨야 한다는 뜻이다. 즉 무거운 일은 더 강한 사람에게, 가벼운 일은 약한 사람에게 맡겨야 한다. 따라서 물레질과 집안일은 남성보다 여성에게 더 적합한 반면, 운동이나 바깥일은 남성에게 더 적합할 것이다. 그러나 때때로 남자들 가운데서도 가벼운 일이나 대체로 여성의 일로 간주되는 일을 처리하는 데 적합한 사람이 있을 수 있고, 또한 여성도 힘이나 필요 및 상황이 뒷받침된다면 언제든 남자에게 더 적합해 보이는 무거운 일을 해낼 수도 있다. 인간의 모든 작업은 공통의 의무이며 남녀를 구분하지 않는다. 어느 한쪽에게만 전적으로 맡겨야 할 일은 없으며, 각자의 본성에 좀 더 적합한 것을 추구할 뿐이고, 이러한 이유에서 남성의 일과 여성의 일로 구별하는 것이라 믿고 싶다.

우리는 미덕과 관련된 것은 어느 것이든 어느 한쪽 성별에 더 적합하다고 할 수 없다는 데 동의하므로 남성이나 여성의 본성에 똑같이 적합하다고 할 수 있을 것이다. 그러므로 미덕과 관련된 것들은 여성과 남성에게 똑같이 가르치는 것이 이치에 맞는다고 생각한다. 더욱이 어릴 때부터 옳고 그른 것, 남녀에 구분이 없다는 것, 이로운 것과 해로운 것, 마땅히 해야 할 것과 하지 말아야 할 것을 가르쳐야 한다. 이렇게 교육시키다 보면 여자아이든 남자아이든 배우는 이들에게는 아무런 차이 없이 분별력이 생긴다. 그러면 모든 비열한 것에 대해서 수치심을 느끼게 된다. 이 두 가지 품성이 내적으로 형성되면 남성과 여성은 반드시 절제력을 갖추게 된다.

그리고 여자아이든 남자아이든 올바르게 양성된 모든 아이들은 고난을 견디고, 죽음을 두려워하지 않으며, 어떤 불행이 닥쳐도 낙담하지 않는 데 익숙해질 것이다. 간단히 말해서, 용기를 필요로 하는 모든 상황에 익숙해질 것이다. 이미 설명했듯이 용기는 여성에게도 있어야 한다. 더욱이 이기심을 피하고 공정을 중시하고 인간으로서 다른 사람을 도우며 해가 되지 않기를 바라는 것이야말로 가장 숭고한 가르침이며, 그것을 배우는 사람은 의롭게 된다. 도대체 어떤 근거에서 남성이 이러한 가르침을 배우기에 더 적합하다는 말인가? 여성 역시 마땅히 올바른 인간이 되어야 한다면, 남녀 구분 없이 각자의 특성에 가장 적합하면서도 중요한 가르침을 동등하게 배울 필요가 있다. 만약 어떤 기술에 대해 남성은 아는데 여성은 모른다거나 반대로 여성은 아는데 남성은 모른다면 둘을 교육하는 데 아무런 차이가 없다는 의미이다. 하지만 가장 중요한 것들에 대해서는 한 사람도 빠짐없이 모든 이들이 다 함께 알게 해야 한다.

무슨 원칙으로 그렇게 교육해야 하느냐고 묻는다면, 철학을 빼고는 어떤 남성도 올바로 교육받지 못할 것이고 여성도 마찬가지이기 때문이라고 답하겠다. 여자들이 논쟁에 필요한 기술적 능력과 예리함을 갖춰야 한다는 뜻이 아니다. 그들은 여성으로서 살아가는 목적을 위해 철학을 사용할 것이므로 그러한 능력은 그다지 필요하지 않을 것이다. 남자들조차 이러한 기량을 그다지 쌓을 필요가 없다고 생각한다. 단지 내가 강조하는 것은 철학을 통해 훌륭한 품성과 고귀한 덕성을 갖추어야 한다는 것이다. 철학은 고귀한 덕성을 가르치는 것일 뿐이지 다른 그 무엇도 아니기 때문이다.

여성도 철학을 공부해야 한다

여성도 철학을 공부해야 하느냐는 질문에 무소니우스는 당연히 그래야 한다는 취지로 다음과 같이 논하였다. 남성뿐 아니라 여성도 신으로부터 이성이라는 선물을 받았고, 이 이성을 사용하여 서로 상대를 대하고 어떤 것이 좋고 나쁜지 또는 옳고 그른지 판단한다. 마찬가지로 여성은 남성과 똑같은 감각, 즉 시각·청각·후각 따위의 감각을 갖고 있다. 남성과 여성은 동일한 신체 기관을 갖고 있으며 어느 한쪽이 가진 것이 더 많지 않다. 게다가 남성뿐 아니라 여성도 덕에 이끌리는 성향과 덕을 체득하는 능력을 타고났다. 선하고 정의로운 행위를 기뻐하고 이와 반대되는 행위를 거부하는 것은 남성 못지않은 여성의 본성이기도 하다. 만약 이것이 사실이라면, 어떻게 훌륭한 삶을 살지 모색하고 숙고하는 것이 남성에게는 적절하지만 여성에게는 적절하지 않다는 주장은 어떤 근거에서 나온 것인가? 훌륭한 삶을 모색하고 숙고하는 것이야말로 철학 공부 아니던가. 남성은 선해지는 데 적합하지만 여성은 그렇지 않을 수 있나?

훌륭한 삶을 영위하려는 여성에게 적합한 자질들은 모두 철학을 공부함으로써 쉽사리 체득할 수 있는 것이므로 그러한 자질들에 관해 자세히 살펴보자. 우선 여성은 살림을 잘해야 한다. 가족의 복리에 관련된 모든 것을 세심하게 책임지고, 집안의 노예를 관리할 수 있어야 한다. 이것들이 바로 철학을 공부하는 여성에게서 특히 찾아볼 수 있는 자질들이다. 왜냐하면 이 자질들은 모두 삶의 한 부분이고, 철학은 바로 삶에 대한 지식과 다름없으며, 소크라테스가 호메로스를 인용하여 "선한 것이든 악한 것이든 모두 그대의 집안에서 일어난다"라고 말했듯 철학자는 이 부분을 살피는 데 늘 집중하기 때문이다. 무엇보다도 여성은 정숙하고 자제력이 있어야 한다. 다시 말해 부적절한 사랑에 물들지 않고, 세속적 쾌락을 자제하며, 욕망의 노예가 되어서는 안 된다. 다툼을 삼가며 씀씀이가 헤프지 않아야 하고, 사치스러운 옷차림을 지양해야 한다. 이러한 것들이 바로 고결한 여성이 애써야 할 것이고, 거기에 다음의 것들이 추가된다. 화를 다스리고, 슬픔에 압도당하지 말아야 하며, 날뛰는 온갖 종류의 감정에 초연해야 한다. 이것들이 바로 철학이 전하는 가르침이고, 그 가르침을 배우고 실천하는 사람은 남성이든 여성이든 올바르고 훌륭한 품성을 갖춘 인물일 것이다.

자, 그렇다면 자제력에 대해서는 충분히 언급한 것 같으니 정의에 관해 살펴보자. 철학을 공부하는 여성이라면 정의로우며, 흠잡을 데 없는 인생의 동반자이고 호의적인 배우자요, 지칠 줄 모르고 남편과 아이들을 옹호할 것이며, 탐욕 및 오만과는 거리가 멀지 않겠는가? 철학을 배운 여성이라면 잘못을 저지르는(비열한 것 못지않게 나쁘다) 가해자가 되느니 차라리 피해를 당하는 쪽을 택하며, 부당한 이득을 얻는 것은 잘못을 저지르는 것보다 훨씬 더 나쁜 행위라고 올바로 생각할 수 있지 않을까? 여기에 더해 아이들을 자기 목숨보다 더 사랑한다는 점에서 이들을 능가할 사람은 없을 것이다. 어떤 여성이 이들보다 더 정의로울 수 있겠는가?

이제 용기에 관해 말해 보자면, 배운 여성이 배우지 않은 여성보다 더 용감하고, 철학을 공부한 여성이 그렇지 않은 여성보다 더 용감하리라고 생각해 볼 수 있다. 철학을 공부한 여성은 죽음을 겁내거나 고난에 맞서기를 꺼려 수치스러운 짓에 굴복하는 일이 없을 것이며, 귀족 출신이나 권력자 또는 그 도시의 참주라 하더라도 두려워하지 않을 것이다. 그러한 여성은 고결해지도록, 죽음을 꺼리거나 목숨을 구걸하지 않도록, 마찬가지로 고난을 회피하지 않도록, 한순간이라도 안락과 나태를 좇지 않도록 스스로를 단련했기 때문이다. 그러므로 활기가 넘치고, 고통을 견딜 만큼 강하고, 사랑으로 자식을 양육하고, 손수 남편을 챙기며, 노예의 일이라고 치부될 만한 일도 기꺼이 할 것이다. 그런 여성이라면 배우자에게 큰 도움을 주고, 친척에게 자랑거리요, 모든 지인에게 훌륭한 귀감이 되지 않을까?

그러나 간혹 이렇게 주장하는 사람도 있을 것이다. "그렇긴 하지만 장담컨대 철학자와 어울리는 여자들은 대개 오만하고 건방지기 마련이어서, 집에 앉아 물레질을 해야 할 시간에 식구들을 팽개쳐 두고 남자들과 어울리며 연설을 연습하고 궤변가처럼 말하고 삼단논법을 분석하는 데 몰두한다." 철학을 공부하는 여성들이 해야 할 일을 팽개쳐 둔 채 남자들과 대화하지는 않는다고 보지만, 그들이 벌이는 토론은 철학을 실제로 적용하기 위한 것이어야 한다. 의학이 인간의 육체를 치유하는 데 도움이 되지 않으면 아무런 쓸모가 없듯이, 인간 정신의 덕성 함양에 아무런 도움이 되지 않는다면 철학자가 도리를 알거나 가르치더라도 아무 소용이 없기 때문이다.

무엇보다 철학을 공부하는 여성이 따라야 한다는 교훈을 살펴봐야 한다. 겸손이 최고의 선이라고 가르치는 학문을 배운 여성들이 건방질 수 있는지, 최고의 절제로 이끄는 학문을 배운 그들이 경솔하게 살 수 있는지, 방종을 최고의 악으로 설명하는 학문을 배운 그들이 스스로 절제하지 않을 수 있는지, 가정을 돌보는 것을 덕으로 주장하는 학문을 배운 그들이 가정을 소홀히 할 수 있는지 따져 봐야 한다. 결국 철학의 가르침은 여성이 자신의 운명에 만족하고 손수 일하도록 권고한다.

나이든 사람을 위한 최고의 금언이 무엇이냐는 어느 노인의 질문에 무소니우스는 질서에 따라 그리고 자연스럽게 사는 것이라고 답했으며, 이는 곧 젊은 사람들도 새겨들어야 할 최고의 금언이라고 덧붙였다. 인간이 쾌락을 위해서 창조된 것이 아니라는 사실을 안다면 이 말이 무슨 뜻인지 매우 잘 이해할 것이다. 말이 나왔으니 말인데, 말이나 개나 소 또한 쾌락을 위해 창조되지는 않았다. 하물며 인간은 이 모든 생물보다 훨씬 귀중한 존재다. 틀림없이 말이 먹고 마시고 제멋대로 짝짓기만 할 뿐 말 본연의 합당한 일을 전혀 하지 않는다면 그 존재 목적을 수행하고 있다고 생각되지 않을 것이다. 마찬가지로 개가 온갖 종류의 쾌락을 즐길 뿐 개로서 수행해야 할 훌륭한 일을 전혀 하지 않는다면 존재 목적을 다하고 있다고 생각되지 않을 것이다.

　이처럼 다른 어떤 짐승들이 합당한 역할은 하지 않은 채 쾌락만 마음껏 채우도록 허용된다면 타고난 본연의 목적을 다하지 않는 것이다. 다시 말해서, 이렇게 할 경우 그 어떤 존재도 자연스럽게 살지 못할 뿐 아니라 본성에 따른 독특한 탁월함을 행위로 드러내지 못한다. 그 이유는 각 생물의 본성은 자신만의 탁월함을 발휘하도록 되어 있기 때문이다. 그러므로 인간이 본성에 따라 산다는 것은 쾌락을 추구하기보다 덕을 추구하며 사는 것이라 보는 게 합당하다. 그렇게 살 때에 제대로 칭찬받고 자부심을 가지며 낙관적이고 용감하며, 쾌활함과 평화로운 기쁨이 반드시 뒤따르는 특성을 갖추게 될 것이다.

대체로 세상의 모든 창조물 가운데 인간만이 유일하게 신을 닮았고 신과 똑같은 미덕을 지니고 있다. 신들에게서도 인내, 정의, 용기, 절제보다 더 뛰어난 자질은 찾아볼 수 없다. 그러므로 신들이 이러한 미덕을 갖춤으로써 쾌락이나 탐욕을 극복하고 욕망·시기·질투에 초연하며, 고결하고 온정이 넘치고 관대한(신들은 이럴 것이라고 생각되므로) 것처럼 신을 닮은 인간도 자연스럽게 산다는 것은 신처럼 되는 것이고, 신처럼 된다는 것은 선망의 대상이 되는 것이며 선망의 대상이 된다는 것은 곧 행복해진다는 뜻이다. 우리가 선망하는 것이 바로 행복이기 때문이다. 확실히 인간이 그렇게 되기란 불가능하지 않다. 우리가 거룩하고 신 같다고 일컫는 사람들을 마주하게 되면 이러한 미덕들이 인간 고유의 본성이 아닌 다른 곳에서 왔다고 생각할 필요가 없으니 말이다.

그렇다면 다행히 아직 젊을 때부터 올바른 가르침을 배우도록 애쓰고, 훌륭하다고 생각되는 모든 가르침을 완전히 터득할 뿐 아니라 그것들을 실천하려고 노력해 온 사람은 나이가 들어서도 이러한 내적 역량들을 발휘하여 자연스럽게 살며, 청춘의 낙이 사라져도 아무런 불평 없이 견디고 육신이 허약해져도 안타까워하지 않을뿐더러 이웃에게 무시당하거나 친지와 친구들로부터 홀대당하더라도 괴로워하지 않을 것이다. 그의 마음속에는 이 모든 것들에 대한 치료제, 즉 과거의 훈련이 있기 때문이다. 그러나 만일 일찍부터 충분히 배우지 못했더라도 좀 더 훌륭한 일들을 하려는 열망과 좋은 가르침을 따를 능력이 있는 사람은 어느 것이 인간에게 해롭고 유익한지, 어떻게 하면 해로운 것을 피하고 유익한 것을 체득할지, 겉으로는 나쁘게 보이지만 실제로는 그렇지 않은 상황이 닥칠 때 어떻게 침착하게 받아들일지 알아내는 일을 업으로 삼아 온 사람들로부터 당면한 가르침을 들으려고 애쓴다면 잘 해낼 것이다. 이러한 가르침을 듣고 실행에 옮긴다면(듣기만 하고 실천하지 않는다면 그보다 헛된 것도 없다), 노년도 잘 보내게 될 테고, 특히 죽음에 대한 공포에서 벗어날 것이다. 죽음이란 모든 사람이 언젠가는 갚아야 할 빚이라는 사실을 잊은 듯이, 다른 어떤 것보다도 노인들이 두려워하며 시달리는 죽음에 대한 공포 말이다.

그럼에도 불구하고 변론가 이소크라테스조차 고백했듯이 노년의 삶을 가장 비참하게 만드는 것이야말로 바로 이 죽음에 대한 두려움인 것만은 확실하다. 전하는 바에 따르면 누군가 어찌 지내고 있는지 물었을 때 이소크라테스는 아흔 살 먹은 사람이 마땅히 해야 할 일을 하고는 있지만 제일 끔찍한 해악은 죽음이라 생각한다고 대답했다. 최선의 삶을 살더라도 반드시 해악이 닥친다고 생각한 사람이 어찌 참된 선과 악에 대해 조금이나마 알 수 있겠는가? 최선의 삶은 선한 사람의 삶이라는 데에는 누구나 동의할 테지만 그런 사람의 종말도 결국에는 죽음이니 말이다. 그러니 앞서 말했듯이, 노년에 접어든 사람이 이러한 가르침, 즉 두려워하지 말고 용기 있게 죽음을 기다려야 한다는 사실을 터득하는 데 성공

했다면 불평하지 않고 자연스럽게 사는 방법을 적잖이 터득했을 것이다. 명목상으로만이 아니라 진심으로 철학자인 사람들과 교류함으로써, 그들의 가르침을 기꺼이 따르고 있다면 그 방법을 터득했을 것이다.

그러므로 노인을 위한 최고의 금언은 처음에 언급한 대로 자연스럽게 살며 마땅히 해야 할 것을 생각하고 행하는 것이다. 그러한 노인은 스스로 몹시 쾌활하며 다른 이들로부터 칭송을 듣게 될 것이고, 그렇게 됨으로써 행복해지고 존경받으며 살 것이다.

재물이야말로 노년의 가장 큰 위안거리이고 재물을 얻으면 불행하지 않게 살 것이라고 생각한다면 이는 매우 잘못된 생각이다. 재물은 먹고 마시는 기쁨을 비롯한 감각적 쾌락을 가져다줄 수는 있지만 그것을 소유한 사람으로 하여금 정신적으로 유쾌해지도록 하거나 고통 없이 살게 해 주지는 못한다. 슬픔과 절망으로 가득 차 스스로 비참하다고 생각하는 많은 부자들이 이 사실을 입증한다. 이것으로 재물이 노년의 삶을 훌륭하게 지켜 주지 못한다는 것을 확실히 알 수 있다.

운명의 여신은 모든 사람들에게 똑같이 죽음이라는 숙명을 안겨 주었으므로 장수하기보다는 잘 죽는 사람이 복된 사람이다.

소박한 먹거리가 가장 건강하다

무소니우스는 먹거리에 관해 자주 그리고 매우 강조하여 말하곤 했는데, 먹거리는 절대로 하찮은 문제가 아니며 중요한 결과를 초래한다고 보았다. 실제로 절제의 시작과 기본은 먹고 마시는 것을 자제하는 데 달려 있다고 생각했다. 언젠가 한번은 늘 다루던 주제들을 제쳐 두고 다음과 같이 이야기했다.

사람이 부자연스러운 것보다 자연스러운 것을 선호해야 하듯이 먹거리도 비싼 것보다는 저렴한 것을, 희귀한 것보다는 흔한 것을 먼저 선택해야 한다. 땅에서 자라는 식물에서 나오는 먹거리, 즉 곡식과 그 외 영양분을 줄 수 있는 것들과 가축에서 얻는 살코기가 자연에서 얻는 먹거리다. 이러한 먹거리 가운데서도 불로 조리하지 않고 당장 먹을 수 있는 것이 제일 유용한데, 그 이유는 이것들이 또한 가장 쉽사리 구할 수 있는 것이기 때문이다. 예를 들면 제철 과일, 푸른 채소류, 우유, 치즈, 꿀 등이다. 또한 조리하는 데 불이 필요한 곡식이나 채소도 섭취하기에 적합하며 이 모든 것들이 인간에게 자연스러운 먹거리다.

반면 육류는 훨씬 덜 고상하고 야생 동물에게 더 적합한 먹거리라고 설명했다. 육류는 소화가 잘 안 되며 사색과 추론을 하는 데 방해가 된다고 생각했다. 육류에서 올라오는 냄새가 탁하여 정신을 흐리멍덩하게 만들기 때문이다. 이런 이유로 육식을 많이 하는 사람은 사고력도 더 둔해 보인다.

게다가 인간은 지상의 모든 창조물 가운데 신과 가장 흡사한 존재이니 먹는 것도 신과 가장 흡사해야 한다. 신들은 지상에서 제사로 피워 올리는 향과 물이면 충분하다. 그러므로 우리 인간도 그것에 가장 흡사하게 가볍고 순수한 음식을 먹어야 한다. 그래야 우리의 정신도 순수하고 담백할 테고, 그렇게 될 때 가장 고결하고 현명해질 것이기 때문이다. 헤라클레이토스도 다음과 같이 말한 것으로 보아 그렇게 생각한 것 같다.

가장 깨끗하고 담백한 정신이 가장 현명하고 선하다.

그러나 지금 우리는 지각없는 짐승보다도 훨씬 더 나쁜 먹거리를 먹고 있다. 짐승은 채찍질이라도 당하듯

식욕에 사로잡혀 먹잇감에 덤벼들지만 그럼에도 불구하고 먹이에 대해 호들갑을 떨거나 독창성을 발휘하는 죄는 짓지 않고 무엇을 구하든 허기를 달래는 것으로 만족한다. 그러나 인간은 음식에 풍미를 더하고 더 쉽게 삼킬 요량으로 온갖 종류의 기술과 장치를 고안해 낸다. 급기야는 갖가지 진미와 식도락을 즐기는 지경에 이르러 음악과 의학에 대해 책을 쓰는 사람들처럼 미각의 즐거움은 크게 해 주지만 건강은 해치는 요리에 대한 책을 쓰는 사람들마저 생겨났다. 어쨌든 먹거리에 사치를 부리고 절제하지 못하는 사람들은 별로 건강하지 못한 것을 흔히 볼 수 있다. 사실 그중에는 아이를 가지려고 진기한 음식에 집착하는 여인과 비슷한 사람도 있다. 그러한 여인처럼 이들은 가장 일반적인 음식은 거부하는 바람에 소화 기능이 완전히 망가진다. 그래서 무디어진 철을 계속해서 담금질해야 하듯 그들은 굉장한 포도주나 자극적인 양념이나 약간의 신맛으로 식욕을 계속 돋워줘야 한다.

그러나 그런 부류와는 거리가 먼 스파르타 사람도 있었는데, 그는 어느 남자가 자기 앞에 놓여 있던 어린 공작새와 값비싼 다른 새고기를 보고도 식욕이 없어 못

먹겠다며 불평을 늘어놓자 이렇게 말했다. "나는 독수리나 대머리독수리라도 먹을 수 있는데." 키프로스의 제논은 병이 났을 때조차도 유별나게 맛있는 음식을 가져오면 안 된다고 생각하여, 주치의가 비둘기 새끼 고기를 먹으라고 처방하자, 그럴 수는 없다며 다음과 같이 요구했다. "내 노예 마네스를 치료하는 것처럼 나를 치료해 주시오." 그가 그렇게 말한 까닭은 주인이라고 해서 병이 난 노예보다도 더 세심하게 치료받아서는 안 된다고 생각했기 때문인 것 같다. 노예들이 더 맛있는 음식이라는 처치를 받지 않고도 치유될 수 있다면 우리도 그럴 수 있다. 훌륭한 사람이라면 노예보다 더 허약해서는 안 된다. 바로 그런 이유에서 제논은 맛있는 음식을 경계해야 하며 절대로 그것에 굴복해서는 안 된다는 사실을 알고 있었다. 먹고 마시는 문제에서 쾌락은 놀랄 정도로 그 속도를 가속화하므로 일단 한 번 굴복하면 계속 그렇게 될 것이기 때문이다. 이처럼 무소니우스가 먹거리와 식사에 관해 한 말은 매일 행하던 통상적인 강연보다 더 독특해 보인다.

무소니우스는 과식과 호의호식이 매우 수치스러운 일이라고 말하곤 했다. 이 말에 대해서는 아무도 감히 부인하지 못할 것이다. 그럼에도 이러한 악덕을 피하려고 애쓰는 사람 역시 거의 찾아보기 힘들다. 오히려 대다수의 사람은 이런 음식을 구할 수 없을 때에는 손에 넣으려 애쓰고, 그것들이 가까이 있을 때에는 자제하지 못하며, 먹을 때에는 너무 흥청망청 먹어 치우기 때문에 건강을 해치고 만다. 영양의 측면에서 음식에 든 이로운 것보다는 쾌락이 되는 것을 선호하게 만드니 과식이 방종이 아니고 무엇이란 말인가?

그리고 호의호식은 기호품에 대한 과잉일 뿐이다. 무엇이든 과잉은 해롭지만, 특히 음식과 관련해서는 사람을 인간이라기보다 손이나 눈 또는 식도로 적절하게 행동할 수 없는 돼지나 개처럼 탐욕스럽게 만들기 때문에 산해진미에서 쾌락을 느끼려는 욕구는 그들을 완전히 타락시킨다. 그런 사람을 지성이 있는 인간보다 지각 없는 짐승에 비유한다는 사실에서 우리는 음식에 대해 이런 식으로 행동하는 것이 얼마나 수치스러운 일인지 깨달을 수 있다.

이러한 행위가 수치스러운 일이라면, 그 반대로 행동하는 것은 아주 훌륭한 일임에 틀림없다. 먹는 데 절제와 중용을 발휘하고 무엇보다도 자제력을 보여 주기란 쉽지 않으며 많은 주의와 훈련이 필요하다. 왜 그런가? 인간이 잘못을 저지르도록 유혹하며 좋지 않은 것에 굴복하게 만드는 데에는 여러 가지 쾌락이 있지만, 아마도 가장 저항하기 어려운 쾌락은 먹는 쾌락일 것이다. 다른 쾌락은 접하는 빈도가 낮아, 몇 달 동안 혹은 일년 내내 자제할 수도 있지만, 인간은 먹지 않고는 살 수 없기에 매일 적어도 한 번, 보통은 두 번 이러한 유혹에 시달리기 때문이다. 그러므로 먹는 쾌락의 유혹에 자주 시달릴수록 더 많은 위험이 따른다. 그리고 실제로 매 식사 때마다 잘못될 위험은 사실상 점점 많아진다. 무엇보다도 적당량 이상을 먹는 사람, 지나치게 허겁지겁 먹는 사람, 절임 음식과 양념 범벅을 좋아하는 사람, 건강한 음식보다는 단 음식을 선호하는 사람, 자신이 먹는 것과 같은 종류나 똑같은 양의 음식을 손님에게 대접하지 않는 사람은 다 잘못을 저지르는 것이다. 식사와 관련해 저지르는 또 다른 잘못이 있다. 식사 시간이 아닌데도 먹는 데 탐닉하고, 마땅히 해야 할 다른 일이 있는데도 그 일을 제쳐 둔 채 먹는 경우가 그렇다.

이러한 악습과 훨씬 더한 악덕은 식사와 관련이 있으므로, 누구든 자제력을 보여 주고 싶다면 이러한 모든 악덕에서 자유로워야 하며 그 어떤 잘못도 저질러서는 안 된다. 스스로 청렴결백하고 그러한 잘못에서 벗어나려면 쾌락이 아니라 영양을 위해서, 미각을 만족시키기 위해서가 아니라 몸을 튼튼히 하기 위해서 음식을 선택하는 데 익숙해질 수 있게 끊임없이 훈련해야 한다.

실제로 식도는 쾌락 기관이 아니라 음식이 지나는 통로로 만들어졌고, 위는 식물의 뿌리가 창조된 것과 똑같은 목적으로 만들어졌다. 뿌리가 외부에서 양분을 취하여 식물에 영양을 공급하듯이, 위는 섭취된 음식으로부터 생물에 영양을 공급한다. 식물이 쾌락이 아니라 생존을 위해 영양을 공급받듯이, 우리 인간에게는 음식이 생명의 약이다. 그러니 어쨌든 대다수의 사람은 먹기 위해 살지만 자신은 살기 위해 먹는다고 한 소크라테스의 지혜로운 말에 동조하고 싶다면 쾌락을 얻기 위해서가 아니라 살기 위해서 먹는 것이 적절하다. 인간이 되고자 하는 야망을 가진 이성적 존재가 아닌 사람은 틀림없이 먹기 위해 사는 대다수의 사람처럼 되는 것이 바람직하다고, 그들처럼 음식에서 얻는 쾌락을 추구하며 살아가는 것이 멋지다고 생각할 것이다.

인간을 창조한 신은 인간에게 쾌락을 주기 위해서

가 아니라 생명을 유지하게 하려고 먹을 것을 주었다. 이는 다음의 사실로 보아 아주 잘 알 수 있다. 음식이 그 본래의 기능을 수행하고 있을 때에는, 즉 소화되고 흡수되는 과정에서는 인간에게 쾌락을 일으키지 않는다. 그 시간 동안 인간은 영양을 공급받고 힘을 회복하지만, 쾌감은 느끼지 못한다. 그럼에도 이 과정은 식사할 때보다 훨씬 오랜 시간이 소요된다. 신이 우리에게 식사를 쾌락으로 주려고 계획한 것이라면, 틀림없이 단지 삼키는 동안의 짧은 순간이 아니라 더 오랜 시간 동안 즐길 수 있게 했을 것이다.

그런데도 쾌락을 경험하는 그 짧은 순간을 위해 셀 수 없이 많은 산해진미들이 준비되고, 이 끝에서 저 끝까지 배가 오가고, 농부보다 요리사를 찾는 수요가 더 많다. 심지어 값비싼 음식이 몸에는 전혀 이로울 것이 없는데도 그런 음식으로 식탁을 차리느라고 재산을 탕진하는 사람들마저 있다.

이와는 정반대로 가장 저렴한 음식을 먹는 사람이 제일 건강하다. 실제로 주인보다 노예가, 도시 사람보다 촌사람이, 부자보다 가난한 사람이 더 건강하고, 추위와 더위, 수면 부족 등과 같은 모든 고난을 더 씩씩하게 견디면서 힘든 일을 더 잘하고, 일을 해도 덜 지치고, 병에 도 덜 걸린다는 것을 알아차릴 수 있을 것이다. 그뿐 아니라 비싼 음식과 저렴한 음식이 신체를 똑같이 건강하게 만든다고 하더라도, 사람들은 더 저렴한 음식을 선택해야 한다. 그것이 더 절제로 이어지고 훌륭한 사람에게 더 어울리기 때문이다. 일반적으로 음식에 대해서 사리분별이 있는 사람들에게는 조리가 필요한 것보다 필요없는 것이, 구하기 힘든 것보다 쉽게 구할 수 있는 것이더 좋다.

음식 문제를 결론지어 말하자면, 그 목적은 건강과 힘을 주는 것이어야 하고, 그런 목적을 위해 많은 지출을 요하지 않는 것만 먹어야 하며, 식사할 때에는 적절한 절제와 중용에 유념하며 특히 일반적 악덕인 식도락과 허겁지겁 먹는 탐욕에 굴복하지 말아야 한다.

의복과 집에 관하여

무소니우스는 음식과 마찬가지로 의복도 비싸거나 과도하지 않은 것이 최선이라고 보았다. 옷과 신발 역시 정확히 갑옷과 똑같이, 즉 과시하려고가 아니라 몸을 보호할 목적으로 사용해야 한다고 말이다. 화려함으로 시선을 끌기보다 가장 강력하면서도 착용자를 최대한 보호하도록 고안된 무장이 제일 좋은 것이듯 옷이나 신발도 어리석은 자의 주목과 시선을 끌기보다 몸에 가장 유용한 것이 제일 훌륭하다. 의복은 그것을 걸치는 사람이 원래 상태보다 허약해지고 나빠지기 위해서가 아니라 더 튼튼하고 좋아지기 위해서 감쌀 수 있는 것이어야 한다. 그러므로 옷을 입음으로써 피부가 연약해지거나 민감해진다면 그 옷은 사람 몸에 해로운 것이다. 과보호하여 연약하고 유순해진 몸은 힘들여 노동한 흔적이 남아 있는 강건한 몸보다 훨씬 안 좋기 때문이다.

말하자면 옷으로 몸을 튼튼하고 활기차게 만드는 사람만이 옷을 입음으로써 신체 기관을 이롭게 한다. 여러 벌을 겹겹이 껴입는 것, 숨 쉬기도 힘들 정도로 너무

꽉 끼게 입는 것, 병에 걸린 경우를 제외하고 평상시에 꼭 맞는 장갑이나 신발로 손발을 연약하게 만드는 것은 신체의 용모를 좋게 바꾸지 못한다. 추위와 더위에 전혀 노출되지 않는 것은 그다지 좋지 않다. 오히려 겨울에는 어느 정도 추위를 느끼고 마찬가지로 여름에도 가급적 그늘을 찾아 쉬기보다는 태양의 열기를 느껴야 한다. 내의는 두 개보다는 하나만 입는 것이 좋고, 하나보다는 아무것도 입지 않고 겉옷만 걸치는 것이 더 좋다. 또한 할 수만 있다면 맨발로 다니는 것이 샌들을 신는 것보다 낫다. 샌들을 신으면 속박당하는 상태에 가까워지지만, 맨발 차림은 익숙해지고 나면 발이 자유롭고 편해지기 때문이다. 대로를 오가는 전령들이 맨발 차림이고 시합에서 경주자가 샌들을 신고 달려야 하는 경우 최상의 속도를 내지 못하는 모습을 보이는 것도 이러한 이유에서다.

우리가 거처로 삼는 집도 추위와 극심한 더위를 막아 주고, 필요할 경우 태양과 바람으로부터 보호해 주는 최소한의 필요만 충족되도록 만들어져야 한다. 대체로 무엇을 제공하든 자연 동굴도 인간에게 그럴싸한 거처가 되어 주므로 집들은 단지 식량을 저장하기에 편리한

곳간 정도의 여유만 더 갖추면 된다. 기둥으로 에워싸인 안뜰이 무슨 소용이 있는가? 온갖 페인트로 색을 입힌들 무슨 소용이 있는가? 금으로 장식된 방이 무슨 소용이 있는가? 아주 먼 곳에서 그리고 비싼 값에 들여와 바닥에 잘 끼워져 있거나 벽에 박힌 비싼 돌들이 무슨 소용이 있는가? 이런 것은 없어도 살 수 있을뿐더러 오히려 건강하게 살 수 있으니 이 모든 것이 다 쓸데없고 불필요한 것 아닌가? 그것들은 지속적으로 문제를 일으키는 근원이요, 공공 및 민간 구호로 많은 사람을 이롭게 할 수도 있는 막대한 돈을 허비하게 만드는 원흉 아닌가? 사치스럽게 사는 것보다는 많은 사람을 돕는 편이 훨씬 더 훌륭하다. 목재와 석재를 구입하는 데 돈을 쓰는 것보다 사람들에게 쓰는 것이 얼마나 더 고귀한가. 흔쾌히 선행을 베푼 당연한 결과로 많은 친구를 사귀게 되는 쪽이 근사한 집으로 둘러싸이는 쪽보다 훨씬 더 유익하다. 크고 아름다운 집으로 얻게 될 이득이 자기 재산으로 국가와 동포 시민을 이롭게 함으로써 얻게 될 이득에 비할 수 있을까?

세간살이에 관하여

집안에서 벌어지는 사치(사치와 관련되거나 사치에 가까운 상황)란 집 안의 모든 세간살이, 즉 침상·탁자·침구·술잔 등등의 물건이 필수품을 넘어서 필요 이상으로 많아지는 것이다. 상아와 은, 심지어 황금 침상, 비슷한 재질로 만든 식탁, 자주색과 구하기 힘든 다른 색상의 침구류, 금과 은으로 만들어졌거나 일부는 대리석이나 금과 은에 필적할 만큼 값비싼 재질로 만든 술잔 등이 그런 사치품이다. 사람들은 이러한 것을 손에 넣지 못해 안달한다. 짚으로 만든 침대라도 은이나 상아로 만든 침상 못지않게 편한 잠자리를 제공하고, 거칠거칠한 망토라도 자주색이나 진홍색 침구 못지않게 덮기에 적합한데도 말이다. 또한 은으로 만든 식탁을 갈구하지 않고 나무 탁자에서 식사해도 먹는 데는 아무런 지장이 없다. 마찬가지로 금으로 만든 술잔 못지않게 도기 술잔에 담아 마셔도 훌륭하게 목을 축일 수 있다. 그리고 그 안에 담긴 포도주는 부패하기는커녕 금이나 은으로 만든 술잔에 담긴 포도주보다 훨씬 더 달콤한 향기를 낸다.

일반적으로 세간살이는 취득·사용·보존이라는 세 가지 기준으로 어떤 것이 좋고 어떤 것이 나쁜지를 제대로 판단할 수 있다. 손에 넣기가 어렵거나, 사용하기 편리하지 않거나, 보존하기가 쉽지 않은 것은 좋지 못하다. 쉽사리 구하고, 만족스럽게 사용하고, 보관하기 쉬운 것은 더 훌륭하다. 이런 이유로 오지그릇과 쇠붙이 그릇은 은이나 금으로 만든 것보다 훨씬 더 좋다. 값이 저렴해서 힘들이지 않고 구할 수 있는 데다, 다른 것들과 달리 열과 불에 노출되어도 안전하고, 비싼 것들에 비해 도둑맞을 일도 적으므로 보관하는 데에도 문제가 없기 때문이다. 제대로 보관하려면 청결한 상태를 유지하는 것이 관건인데 값비싼 것은 그렇게 하려면 더 많은 비용이 든다. 저렴하게 구입했지만 많은 요구를 충족시킬 수 있는 말이 비싸게 샀지만 별로 효용이 없는 말보다 훨씬 더 바람직하듯이, 세간살이 문제에서도 값싸고 쓰임새가 많은 것들이 비싸기만 하고 쓰임새는 덜한 것들보다 낫다.

그렇다면 사람들은 왜 쉽게 구할 수 있는 저렴한 것보다 희귀하고 비싼 것을 찾는가? 어리석은 자는 정말 좋고 훌륭한 것을 알아보지 못하고, 그 대신 겉으로만 좋아 보이는 것을 열심히 구한다. 미치광이들이 흔히 검은색을 흰색이라고 생각하듯이, 어리석음도 광기와 흡사하다. 최고의 입법자들도 같은 생각이라는 것을 알 수 있다. 그 가운데 제일 먼저 떠오르는 이는 스파르타에서 사치를 몰아내고 검소함을 정착시킨 리쿠르고스이다. 그는 무절제한 삶보다는 용기를 낳는 수단으로서 결핍의 삶을 선호했고, 사람들을 타락하게 만드는 요인인 사치를 몰아냈으며, 고난을 견디려는 의지가 국가를 지킨다고 생각했다. 이 사실을 증명하는 존재가 바로 스파르타의 청년들이었다. 그들은 굶주림과 갈증과 추위를 참고, 심지어 채찍질과 다른 고난을 견디는 데 익숙해지도록 훈련을 받았다. 그렇게 고귀하고 검소한 습성을 갖추도록 훈련된 고대 스파르타인들은 그리스인 가운데 최고였고, 그렇게 평가받았다. 그들이 선택한 자발적 가난은 왕의 부보다 더 선망의 대상이었다.

그러므로 나로서는 사치를 택하느니 질병을 택하겠다. 질병은 몸을 상하게 할 뿐이지만, 사치는 몸과 정신을 모두 파괴하여 육체적으로는 나약하고 무기력하며 정신적으로는 절제하지 못하고 비겁해지게 만들기 때문이다. 더욱이 사치는 탐욕을 낳으므로 불의 또한 낳게 된다. 사치스러운 취향을 가진 사람은 흥청망청 쓸 수밖에 없게 되고, 흥청망청 쓰다 보면 지출을 줄이고 싶은 마음이 없어진다. 많은 것들을 갖고 싶은 욕망에 사로잡혀 그것들을 계속하여 손에 넣으려 하고, 그 과정에서 탐욕이 커져 불의를 저지를 수밖에 없게 된다. 정당한 방법으로 많은 것을 손에 넣는 데 성공할 사람은 아무도 없기 때문이다. 사치스러운 습관을 가진 사람은 다른 식으로도 불의를 저지르게 될 것이다. 사치스러운 생활을 포기할 수 없어 국가를 위해 필요한 책임을 떠맡기를 주저할 것이고, 친구나 친척들을 위하여 가진 것을 내어놓아야 할 상황이 닥쳐도 사치품에 대한 집착으로 그렇게 하지 않을 것이기 때문이다. 게다가 합당한 자격을 갖춘 사람이 제사나 입회식 또는 다른 전례 등을 수행함으로써 신에 대한 의무를 다해야 할 때가 있는데, 낭비벽이 심한 자는 그러한 의무를 수행할 능력이 없는 것으로 드러날 것이다. 그는 마땅히 해야 할 의무를 하지 못하여 국가, 친구, 신에게 모든 면에서 불의를 저지르게 될 것이다. 그러한 불의의 원인이 되는 사치와 낭비는 어느 모로 보나 멀리해야 한다.

고통에 사로잡혀 육체의 나약함을 떠올리면서도 쾌락에 빠져 그 사실을 잊는 것보다 더 수치스러운 모순은 없다.

○ 진정한 철학자는 많은 논증을 필요로 하지 않는다

무소니우스는 논증이나 예시에 대해 논의하는 자리에서 각각의 논점에 대해 많은 논증보다는 오히려 정곡을 찌르는 명쾌한 논증을 찾는 쪽이 합리적이라고 주장했다. 환자에게 많은 약을 처방하는 의사보다 적은 약으로도 환자를 치료할 수 있는 의사가 더 칭송될 만하듯이, 많은 논증을 써서 가르치는 철학자는 적은 논증으로도 학생이 소기의 목적을 달성하도록 이끄는 철학자보다 효율적이지 못하다. 학생 역시 지능이 뛰어날수록 논증을 적게 요구할 것이고, 논쟁 중인 주장의 결론이 타당하기만 하면 그 결론에 더 빨리 동의할 것이다. 그러나 모든 논점에, 심지어 문제가 명백한데도 논증을 요구하거나 간단히 설명할 수 있는 것을 자세히 입증하라 요구하는 사람은 매우 어리석고 우둔하기 짝이 없다.

논증이 필요하다는 말은 어딘가 불명확한 부분이 있다는 의미이다. 애매하거나 모호할 것이 전혀 없는 신에게는 아무런 논증도 필요치 않다. 그러나 인간은 명확하고 분명한 것을 매개로 명확하지 않거나 자명하지 않은 것을 알아 내고자 노력해야 한다. 그것이 바로 논증의 기능이다.

'쾌락은 좋은 것이 아니다'라는 명제를 예로 들어 보자. 언뜻 쾌락은 좋은 것으로 느껴지기 때문에 처음부터 명제가 사실로 인식되지는 않는다. 그러나 '모든 선은 바람직하다'라고 널리 받아들여지는 기본 전제로부터 시작하여 '바람직하지 않은 쾌락도 있다'는 두 번째 전제까지 더하면 우리는 '쾌락은 좋은 것이 아니다'라는 명제를 성공적으로 입증할 수 있다. 즉 알려져 있거나, 인정된 사실로 알려져 있지 않거나, 인정되지 않은 사실을 입증하는 것이다.

다시 말하자면, '고생이 나쁜 것은 아니다'라는 말은 언뜻 설득력 있는 명제가 아닌 것 같다. '고생은 나쁜 것이다'라는 반대 명제가 훨씬 더 설득력 있다. 하지만 '모든 악은 피해야 한다'라는 잘 알려진 인정된 전제에서 시작하여 거기에 또 다른 분명한 명제, 즉 '많은 형태의 고생은 기피해야 할 것들의 범주에 들지 않는다'라는 명제를 더하면, '고생이 나쁜 것은 아니다'라는 결론을 얻을 수 있다.

이것이 논증의 본질이므로, 명민한 사람이 있는가

하면 우둔한 사람이 있고, 더 좋은 환경에서 자란 사람이 있는가 하면 나쁜 환경에서 자란 사람이 있다는 점을 고려할 때, 성격과 타고난 기질이 열등한 후자는 해당 가르침을 숙지하고 익히는 데 더 많은 논증이 필요하고 더 열심히 주의를 기울여야 할 것이다. 허약한 사람이 완전히 건강을 되찾으려면 매우 꾸준하고도 장기간의 치료를 필요로 하는 것과 같은 이치다. 반면 좋은 품성을 타고났으며 더 훌륭한 교육을 받은 학생들은 더 쉽고 빠르게, 그리고 거의 논증 없이도 타당한 논리에 동의하고 그것을 실행할 것이다. 호사스러운 환경에서 자라 몸은 허약하고, 안락한 생활로 정신이 나약한 데다 아둔하고 우둔한 기질까지 타고난 청년과 어느 정도 스파르타식으로 양육되어 사치에 물들지 않고 극기 훈련이 잘되어 타당한 논리에 기꺼이 귀 기울이는 청년 두 사람을 알고 있다면 이것이 얼마나 맞는 말인지 금세 인정하게 될 것이다. 만일 철학자가 죽음·고생·가난 등이 나쁜 것은 아니라고, 즉 생명·쾌락·부 등이 좋은 것은 아니라고 가르친다면 이 두 청년은 그 주장에 모두 같은 방식으로 주의를 기울이고 서로 똑같은 정도로 납득할 것이라고 생각하는가? 그럴 일은 절대로 없다. 한 사람은 마지못해 서서히, 그리고 천 번의 논쟁을 벌이며 억지로 부득이하게 결국 동의한다는 기미를 보일 것이다. 물론 우둔한 청년이 그럴 것이라는 말이다. 다른 청년은 그 주장이 설득력이 있으며 자신과 관련이 있다고 기꺼이 받아들일 것이므로, 많은 논증이 필요하거나 더 충분히 다루지 않아도 될 것이다.

철학자 클레안테스*에게 고생은 좋은 것이 아니냐고 물었던 스파르타의 학생이 바로 그런 청년 아니었을까? 그 학생은 고생이 나쁜 것보다는 좋은 것에 가깝다고 여길 정도로 타고난 천성과 훈련으로 덕을 실천하는 자질을 확연히 드러냈다. 그런 점에서 고생이 나쁜 것은 아니라는 데 동의한다는 듯이, 어쩌면 좋은 것 아니냐고 물은 것이다. 클레안테스는 그 학생에게 놀라 감탄하며 대답하였다. "이보게, 자네의 정신은 고결하구만. 자네가 하는 말은 정말로 고귀하군." 그러한 청년이니 가난이나 죽음이나 끔찍해 보이는 어떤 것도 두려워하지 말라는, 다시 말해 부와 생명과 쾌락을 추구하지 말라는

---

* 고대 그리스 철학자이다. 소아시아의 아소스 출신으로 물 긴는 노동을 하면서 제논의 강의를 들으며 철학을 공부했다. 제논이 사망한 후, BC 262년 스토아학파의 태두가 되어 제논의 유업을 이었다. 철학을 변증학·수사학·윤리학·정치학·자연학·신학 등 6개 분야로 나누었고, 신과 자연을 동일시했다. 의지력을 중시하여 모든 덕의 원천으로 삼았다. 특히 시형식으로 사상을 전개하는 데 뛰어났고, 저서 『제우스 찬가』가 전해지고 있다.

가르침을 기꺼이 납득하지 않았겠는가?

논의의 출발점으로 돌아가 거듭 말하지만, 스승이 진정한 철학자라면 학생에게 많은 논쟁과 논증을 늘어놓는 것은 잘못된 열의이다. 그보다는 오히려 적당한 방식으로 각 논쟁을 다루어야 하고 듣는 이의 지성을 꿰뚫어 쉽사리 반박할 수 없는 설득력 있는 주장을 제시해야 한다. 무엇보다도 스승은 가장 유용한 말을 할 뿐 아니라 언행이 일치하는 모습을 보여 주어야 한다. 제자의 경우 스승의 말을 경청하고 자기도 모르는 사이에 그릇된 것을 받아들이지 않도록 주의해야 한다. 진리로 받아들이는 것에 대해서는 수많은 논증을 배우려 애쓰기보다 오직 명백하고 명쾌한 것에만 집중해야 한다. 결국 진리라고 납득하게 되는 가르침은 무엇이 되었든 일상생활에서 끝까지 지켜야 할 것이다. 이런 식으로 건전한 가르침에 더하여 그에 맞는 행위까지 뒤따른다면 철학은 모든 이에게 유익할 것이다.

살아 있음으로써 많은 사람에게 쓸모가 있는 사람은 죽음
으로써 더 많은 쓸모가 있지 않는 한 죽음을 선택할 권리
가 없다.

신은 존재하는 것들 가운데 어떤 것은 우리가 통제할 수
있게 하고, 어떤 것은 통제할 수 없게 했다. 하지만 가장
고귀하고도 훌륭한 부분을 통제할 수 있게 해 주었는데,
그것은 바로 생각을 이용할 수 있는 힘이다. 그 덕분에 우
리는 스스로 행복해질 수 있다. 이 힘을 제대로 쓸 수만 있
다면, 우리는 평온하고 쾌활하고 충실해질 수 있다. 또한
대체로 정의와 법, 절제와 미덕을 발휘할 수도 있다.

　　그러나 신은 그 외의 것들은 모두 우리가 통제하지 못
하게 해 놓았다. 그러므로 우리는 신과 같은 마음이 되어,

상황을 구별해야 한다. 우리가 통제할 수 있는 것들에 대해서는 모든 면에서 권리를 주장해야 하지만 우리가 통제할 수 없는 것들에 대해서는 자식, 조국, 육신, 그 무엇을 요구하든 하늘에 맡기고 기꺼이 받아들여야 한다.

———————

자연의 모든 작용 가운데 가장 중요한 것은 바로 이것이다. 우리 욕망과 충동을 품위 있고 유용한 것에 대한 인식과 꼭 들어맞도록 작동하게 만든다는 사실이다.

———————

어떤 사람이 내게 용기를 주기 위해서 무소니우스에 얽힌 일화를 들려주었다. 우울하고 삶에 지친 한 사람을 깨우쳐 주고 싶었던 무소니우스는 그를 건드리며 물었다. "뭘 기다리고 있는 거요? 왜 그렇게 아무것도 하지 않고 물끄러미 쳐다보기만 하는 거요? 신께서 친히 나타나 당신 옆에 서서 인간의 말로 설명해 줄 때까지 기다리는 거요? 당신의 정신에서 죽은 부분은 잘라 내시오, 그러면 신이 계

시다는 것을 알아보게 될 것이오."

———————

오늘이 마지막 날이라고 생각하지 않으면 잘 살 수 없다.

———————

보기 흉한 일에 대해 주저하지 않고 지껄이기 시작하면 그 일을 저지르는 데에도 주저하지 않게 된다.

———————

세상의 일반적인 견해처럼 처음 맞서는 적수들을 어떻게든 해치려고 애쓰지 않으면 다른 이들로부터 멸시당할 것이라고 생각한다면 비열하고 무지하다는 증거이다. 우리는 무엇보다도 적수들을 해치지 못하는 사람을 경멸한다고 하지만, 실제로는 적수들을 돕지 않는 사람을 더 쉽게 경멸하게 된다.

———

백성에게 두려움보다는 경외의 대상이 될 수 있도록 노력해야 한다. 경외에는 존경이 뒤따르지만 두려움에는 반감이 뒤따른다.

———

당신이 비리를 저질렀음을 알게 된 사람들에게 옳은 일을 하라고 명령할 수 있으리라 기대하지 말라.

———

자신이 한 모든 일을 옹호하며 백성에게는 그것이 자신의 의무가 아니라 뜻이라고 말하는 데 익숙해진 사람은 오래 살지 못한다.

———

우리 스스로가 훨씬 더 나쁜데 폭군들을 뭐라고 비난할 수 있을까? 우리 또한 폭군들과 똑같은 충동을 갖고 있으나 그 충동을 마음껏 발산할 기회가 없었을 뿐이다.

선택할 수 있을 때 명예로운 죽음을 선택하라. 선택의 여지 없이 불명예스러운 죽음을 맞이하지 않도록 말이다.

쾌락이라는 잣대로 기분 좋은 것을 평가한다면, 절제보다 더 좋은 것은 없다. 고통이라는 잣대로 피해야 할 것을 평가한다면, 절제력 부족만큼 고통스러운 것은 없다.

크로이소스*와 키니라스**의 재물은 극도의 가난이라고 비난해야 한다. 부자라고 생각할 만한 유일한 이는 바로 언제 어디서나 아무것도 원하지 않을 능력을 갖춘 사

---

* 기원전 6세기 리디아의 마지막 왕. 엄청난 부로 잘 알려져 있으며 그리스어와 페르시아어에서 그의 이름은 부자와 동의어가 되었다. 현대 유럽어에서도 큰 부자의 대명사로 통한다.
** 그리스 신화에 나오는 키프로스의 왕으로 아도니스의 아버지다. 키프로스 서쪽 해안에 새로운 도시를 세우고 파포스라 이름 지었다.

람이다.

루푸스는 이렇게 말하곤 했다. "만약 여러분이 나를 칭찬하느라 허비할 시간이 있다면, 내가 하고 있는 말은 아무런 가치도 없는 것이 분명하다." 우리에게 박수를 바라기는커녕 누군가가 루푸스를 찾아가 우리의 잘못을 말해 줬다고 생각될 정도로 그는 우리의 진짜 성격을 정확히 짚고 사실상 각자의 잘못을 환히 꿰고 있는 듯이 말했다.

믿을 만한 소식통에게 들은 바에 따르면 철학자 무소니우스는 강연 중에 청중의 박수갈채를 반대하고 제지하는 데 익숙했는데 그 이유는 이러했다.

"철학자가 철학의 어떤 측면에 대해 권고하거나, 설득하거나, 훈계하거나, 논의하고 있는데 청중이 열광하며 주체하지 못하고 진부하고 흔해 빠진 칭찬의 말을 쏟아 놓는다면, 심지어 소리를 지르고 몸짓으로 표현한다면,

감동하고 흥분한다면, 철학자의 말의 매력과 구절의 리듬과 되풀이되는 수사적 표현에 완전히 사로잡힌다면, 강연자와 청중 모두 시간을 허비하는 것이며 철학자의 강연이 아니라 플루트 연주자의 연주를 듣고 있는 것이나 마찬가지라는 사실을 여러분도 알 것이다. 강연 내용이 유용하고 유익하고 잘못과 과실을 바로잡을 방법을 알려 주고 있다면 철학자의 말에 귀 기울이는 사람의 마음은 과도하고 터무니없는 칭찬을 할 여유와 시간이 없다. 어느 청중이든 도의심을 완전히 잃지 않았다면 철학자의 말에 전율을 느끼면서 속으로 부끄러워하며 회개하는 한편 환희와 경이를 느끼며 심지어 표정과 감정이 다양하게 바뀌어야 마땅하다. 철학자의 말에 감화되어 자신의 영혼에서 어느 부분이 건강하고 어느 부분이 아픈지 인식할 수 있게 되기 때문이다."

나아가 무소니우스는 감탄이 커다란 박수갈채와 분명히 관련이 있지만 가장 큰 감탄은 말보다는 침묵을 낳는다고 언급하곤 했다.

"그런 이유로 청중은 가장 현명한 시인들이 들려주는 온갖 역경으로 점철된 오디세우스의 이야기에 귀를 기울이면서도 펄쩍 뛰어 오르며 환호성을 지르기보다는 마치 벙어리가 되고 감각이 마비되기라도 한 것처럼 모두 침묵을 지킨다. 시를 들으며 느꼈던 기쁨이 그들에게서 말할 힘을 앗아 갔기 때문이다."

시인의 말이 끝났다.
하지만 모두 숨을 죽인 채 침묵을 지켰다.
어두운 객석에서 청중은 꼼짝도 할 수 없었다.

———

트라세아는 입버릇처럼 말했다. "내일 추방되느니 차라리 오늘 죽어 버리겠다." 그러자 루푸스가 그에게 뭐라고 했을까? "만일 그대가 좀 더 가혹한 불행으로 죽음을 선택하는 것이라면, 그 얼마나 어리석은 선택인가! 좀 더 가벼운 불행으로 선택하는 것이라면 그러한 선택권은 대체 누가 주었단 말인가? 이미 주어진 것에 만족하도록 스스로를 단련할 마음이 없단 말인가?"

헤로데스의 말에 따르면, 무소니우스가 철학자 행세를 하는 거지에게 천 세스테르세스를 주라고 명령했다. 몇몇 사람이 그 거지는 좋은 것을 받을 자격이 전혀 없는 악랄하고 못된 작자라고 알려 주자, 무소니우스는 웃으며 대답했다. "흠, 그러면 돈을 받을 만하군."

나아가, 술라에 관한 무소니우스의 유명한 말들 중 기억나는 것 한 가지는 바로 이것이다. 건강해지고 싶은 사람은 평생토록 자신을 돌보아야 한다. 크리스마스 장미와 달리 병이 나은 뒤에도 병과 함께 이성을 내던져서는 안 되고, 판단력을 유지하고 지키기 위해 정신 안에 남아 있게 해야 한다. 이성의 힘은 그것이 습관화된 사람들에게 훌륭하고 건강한 사고방식을 불어넣으므로, 약물이 아니라 건강을 유지하는 음식에 비유할 수 있다. 반면에 감정이 매우 격해졌을 때는 훈계와 경고를 해봐야 아무런 효과가 없다. 그것은 발작을 일으켜 쓰러진 사람을 깨어나게는 하지만 병을 치유하지는 못하는 향료와 다름없다.

로마에서 악명 높던 루틸리우스가 무소니우스에게 다가왔다. 루틸리우스는 자신은 돈을 빌려주는 반면 무소니우스는 돈을 빌린다는 사실을 비난하고 싶어 말했다. "당신이 그렇게 본받고 닮으려고 하는 구원자 제우스는 돈을 빌리지 않잖소." 그러자 무소니우스는 빙그레 웃으며 대답했다. "물론 빌려주지도 않지요."

우리 가운데 스파르타의 리쿠르고스의 행동에 놀라지 않을 이가 있겠는가? 동료 시민 한 사람에 의해 한쪽 눈이 멀게 된 그에게 사람들이 한 젊은이를 붙잡아 넘겨주었다. 리쿠르고스는 그를 처벌하는 것이 온당하다는 것을 알면서도 그렇게 하지 않았다. 대신 그를 교육시켜 훌륭한 사람으로 만든 뒤 나중에 그를 공공 극장으로 안내했다. 그 모습에 스파르타인들이 놀라서 바라보자 이렇게 말했다. "내가 당신들로부터 넘겨받았던 이 사람은 무례하고 난폭한 자였습니다. 이제 사려 깊고 훌륭한 시민이

된 그를 당신들에게 되돌려 줍니다."

———

만물의 본성은 과거에도 그랬고, 현재에도 그러하며, 앞
으로도 그러할 테니, 미래에 존재하게 될 것들이 현재의
모습과 다르게 존재하기란 불가능하다. 인간과 세상의 다
른 생물들뿐 아니라 신적인 존재들조차 이 변화와 전환의
과정에 관여하고 있다. 심지어 4원소들까지도 상승과 하
강을 반복하며 변화하고 전환한다. 즉 흙은 물로 변하고,
물은 공기로, 공기는 다시 에테르로 상승 변환한다. 하강
변환하는 과정도 똑같이 존재한다. 만약 사람이 이러한
것들에 생각을 집중하기로 결심하고 피할 수 없는 것들을
받아들이도록 스스로를 설득할 수 있다면 신중하면서도
만물과 조화롭게 살 수 있을 것이다.

———

왜 우리는 계속 게으르고 경솔하며 나태한 데다 논리적
주장을 완전히 숙달하기 위하여 열심히 그리고 밤늦게까

지 공부하지 않을 핑계만 찾으려 하는가?

"제가 이 문제에서 실수를 했다고 해서 아버지를 죽이기라도 한 건 아니잖아요?"

"어리석은 젊은이여, 이 경우에 죽일 아버지가 어디 있는지 알려 줄까? 이 예시에서 유일하게 저지를 수 있는 오류를 저지른 점이다."

내가 어떤 삼단논법에서 놓친 요소를 찾아내지 못하자 나를 꾸짖으며 루푸스가 한 대답이었다.

"그렇다고 카피톨리노 신전에 불을 지른 것만큼 나쁜 짓은 아니잖아요."

내가 변명하니 루푸스가 다시 대답했다.

"어리석은 자여, 이 경우에 놓친 요소는 바로 카피톨리노 신전이다."

카피톨리노 신전에 불을 지르거나 아버지를 죽이는 것만이 유일한 악행인가? 목적이나 이익 없이 함부로 생각을 이용하고, 논증을 따르거나 이성에 가까운 모습을 보여 주지 못하며, 묻고 답하는 데 무엇이 유리하거나 불리한지 전혀 파악하지 못한다면 이러한 것들이 악행 아니겠는가?

그리고 같은 방법으로 나를 시험하려고 루푸스는 이렇게 말하곤 했다. "너는 스승에 의해 이러저러한 일을 겪게 될 것이다." 그럴 경우에 스승이 나에게 도움이 되는 쪽으로 개입해 준다면 얼마나 관대한 일이겠느냐고 말하자 무소니우스가 소리쳤다. "뭐라고! 너 자신으로부터 똑같은 결과를 얻을 수 있는데 너를 대신하여 나더러 개입하라는 말인 거냐?" 사실 자신에게서 스스로 얻을 수 있는 것이 쓸데없고 어리석다면 다른 사람을 통해서 얻는 것도 마찬가지이다.

유약한 인물들에게 영향을 미치기란 부드러운 치즈를 갈고리로 들어 올리는 것 못지않게 어렵지만, 건전한 본성을 타고난 청년들은 설령 쫓아내더라도 철학에 더욱 매달린다. 그러한 이유로 루푸스는 종종 학생들의 기를 꺾었는데, 이 방법을 우등생과 열등생을 시험하는 수단으로 활용하며 다음과 같이 말하곤 했다. "설령 위로 던져도 그 본성 때문에 아래로 떨어지는 돌과 마찬가지로 우등생은 밀쳐 낼수록 본인의 타고난 성향으로 더욱 기울어진다."

갈바 황제가 암살되자 어떤 이가 루푸스에게 다음과 같이 물었다. "당신은 지금 세상이 신의 섭리에 의해 통치된다고 생각합니까?" 그러자 무소니우스는 이렇게 답했다. "갈바 황제에 관하여 내가 세상이 신성한 섭리에 의해 지배되고 있다는 주장을 한순간이라도 편 적이 있었습니까?"

———

학창 시절 철학자 무소니우스로부터 어떤 그리스 속담을 들은 적이 있는데, 그 느낌이 깔끔하고 간결하게 마무리되었을 뿐 아니라 진실되고 놀라운 것이었으므로 제대로 기억하게 되어 매우 기쁘다. "고생하여 선을 이루면 고생은 지나가지만 선은 남는다. 즐기며 수치스러운 짓을 저지르면 즐거움은 지나가지만 수치는 남는다."

나중에 카토가 누만티아에서 기사들에게 말한 연설에도 같은 의미가 담겨 있음을 알 수 있었다. 비록 앞에 언급한 그리스 속담만큼 간결하고 명료하게 표현되지는 않았지만, 그럼에도 훨씬 더 앞서고 오래되었으므로 더 인상적으로 보일 수 있다. 카토가 했던 말은 다음과 같다. "마음속 깊이 이렇게 생각해 보십시오. 여러분이 고생스럽게 선한 일을 이루면, 그 고생은 곧 사라집니다. 그러나 즐거워하며 악한 일을 저지르면, 그 즐거움은 재빨리 사라질 테지만 그 악행은 항상 여러분에게서 떠나지 않을 것입니다."

소박한 삶
: 어느 스토아 철학자의 건강한 생활 원칙

2023년 1월 14일　　초판 1쇄 발행

지은이　　　　　　　　　　　**옮긴이**
가이우스 무소니우스 루푸스　　　서미석

펴낸이　　　　**펴낸곳**　　　　　**등록**
조성웅　　　　　도서출판 유유　　　제406-2010-000032호(2010년 4월 2일)

　　　　　　　　주소
　　　　　　　　서울시 마포구 동교로15길 30, 3층 (우편번호 04003)

전화　　　　　　**팩스**　　　　　　**홈페이지**　　　　**전자우편**
02-3144-6869　　0303-3444-4645　　uupress.co.kr　　uupress@gmail.com

　　　　　　　　페이스북　　　　　**트위터**　　　　　**인스타그램**
　　　　　　　　facebook.com　　　twitter.com　　　instagram.com
　　　　　　　　/uupress　　　　　/uu_press　　　　/uupress

편집　　　　　　**디자인**　　　　　**조판**　　　　　**마케팅**
사공영, 김정희　　이기준　　　　　정은정　　　　　황효선

제작　　　　　　**인쇄**　　　　　　**제책**　　　　　**물류**
제이오　　　　　(주)민언프린텍　　다온바인텍　　　책과일터

ISBN 979-11-6770-054-4 03100